親愛的他/她在想什麼？

暗戀、曖昧必讀，
脫不脫單，你都該知道的事！

妙伶大嬸 著

序

社會在變遷，不變的是男女之間還是會追求愛情。從以前的封建觀念到現在的多元化社會，封建時代的男人有著經濟上的優勢，女人大多得依附在男人下生活，到現代女人越來越獨立甚至更有部分女性能力在男人之上。大環境變了，當女人越來越有能力時，男女之間的依附似乎也起了微妙的變化了。

在現代兩性之間很多思維邏輯正挑戰著傳統觀點，兩性的學習，學校父母沒有教的事，經由這本書解析兩性間的互動變化，希望世間有情男女能夠去理解所謂的緣與情及當事情發生時自己該怎辦、怎去做抉擇。如果能豁然理解人生是由一段段不同的緣分所組成的，而每一段緣分就代表著是一部小篇的故事小說，便能去學會釋懷、放下、好聚好散不再執著就能往前進。

我長期觀察身邊兩性間巧妙的互動變化，探討、分析兩性間從一段緣分的開始，男女關係有可能產生的變化。這是一本兩性參考書，對於兩性交友、追求愛情、情慾，男性和女性因為天性與環境有著顯著差異。

CONTENTS｜目錄

對的人在哪？

只要不是出家修行，無論結婚是否為人生最終選項，找對的人，這就是一堂人生大課。這堂課，哪怕你是家庭背景很硬，還是一般升斗小民家庭，學分都不好修。或許有人會說，家庭背景硬的至少有錢。

這幾年不就上演著好幾齣戳破王子與公主的童話故事。讓大家生活添娛樂，茶餘飯後看官司大戲，劇情演到哪？

有錢、豪門，老天給的先天條件已經比一般人好多了，找對的人經營家庭就這麼的不容易了，更何況是我們一般小老百姓，各種的生活要素，價值觀、經濟等都會列入考量要素的。

找對的人來踏入人生另一階段更影響後續的人生了！

選對了，賭對了，人生順利多了，天天在過情人節！

選錯了，賭錯了，人生坎坷考驗多，天天在清明節跟愚人節！

挑人生伴侶，這算人生大事之一，當然，大家都想要好的，最

好是能有來個郭台銘、金城武、林志玲的。

卻往往事與願違，一段關係在初識時總是美好的，原本好的、走著走著越走越走鐘了。走在人生路中有多少是擦肩而過的過客，誰又會是相伴同行的隊友，能同行多久？

怎找對的人？

其實，所有選項人選都是老天在做決定，決定著那些人走入你的生命，跟你有怎樣的因果交織都是你的選項功課。

每一個人走進你的人生，無論深淺，都有一定的因素，帶來怎樣的影響，你的生命是往上成長還是往下沉淪？

緣分來了，當你有感覺時就有學分，學分就是來讓你學習的，學會了嗎？如是短暫的時光交疊的隨即相忘於江湖，如是緣分深的能相濡以沫嗎？而你自己所能做的關鍵，即老天所安排到你人生的那些人，選項取捨。

你怎麼跟他們結緣，決定他們在你生命中的深度、層次，會結緣就代表有一定的吸引。你怎麼跟他們了緣，時間會是很好的生命記錄器，人世間一切好與壞無所遁形。

怎找對的人，不如說是遇上了，緣起緣滅就在於你我起心動念，不是嗎？

吸引力法則真的有用嗎？

有好多書、好多心靈導師在教人要正能量，要調整清理負能量，轉化情緒、轉化思想。

大家一定很納悶，在看這些文章、演講時，當下感覺是那麼棒、那麼的被療癒，卻在離開演講會場、看完文章，甚至花大錢去上心靈療癒課後，再走回自己原本的生活沒多久，就又開始了那樣不好的感覺，繼續追尋想要脫離痛苦，希望找個能懂自己的人，帶來所謂的幸福。

內心開始疑惑，我明明就只是想要個好女人來愛我，為何這麼難？我明明就是個好女人，為何總吸引到渣男！是呀！好多的心靈雞湯故事文章到處充斥，各位真的受補了嗎？

在每一個人的心裡都住著一個大力量叫做勇敢，而勇敢的好朋

友叫脆弱。

是沒有人的心靈可以一直勇敢的去面對所有的挫折與不順利的，當人的心靈受傷害時，內心一定也會脆弱，是需要一些文字、文章來抒發自己的情緒，讓自己的情感平衡點，幫自己找到溫暖、同層認同。

只是，心靈雞湯看多了、喝多了，更容易讓人困住，鬼打牆的更無法找到自己的問題。

為何好女人不愛我？

只是想要個好女人來愛我，為何這麼難？

還是更白話一下，為何好女人不愛我？

所謂好女人定義是什麼？

通常，被男人提分手的女人，就在當時的男人眼裡就是不夠好，才會被分手。所以，所謂的好女人是沒追到的，還是追到被女人提分手的？

如果是沒追到的，那有心理的想像夢幻值存在，有時不見的是真實的，真的好。只是當下的你不是成為被選擇的交往的對象。或許，當時有其他表現更優的男性存在，或是更符合那女性當時要的需求。

如果是已經追求到了，經過交往後被提分手的，這個就比較屬真的好，而對方認為你不好或不夠好。

舉個例子，一位從小移民旅居國外，年齡近五十，沒結過婚，因為創業的因故拖到了婚事，他的擇偶條件還真沒變過，真專情始終如一，喜歡二十多歲的女子。

有錢的男人有實力怎會沒女人？這位大哥就是創業有成，他要年輕又要漂亮氣質，又要能跟他經商，家世又不能差。

上列條件是還行，問題就出在有這樣條件的女人為什麼要跟近五十的男人在一起甚至結婚？他拿什麼吸引住有這樣條件的年輕女性？

再舉個例子，一位近四十歲也很想結婚的朋友。以往的生活較精采，是有認真工作啦！也談了幾段戀情，有好幾段是速食戀愛甚至是買賣的愛情。

當他生活圈出現以前所沒有過的夢中情人時，他還曾真的奮發向上過，就是為了追到夢中情人。

可是朋友圈的娛樂跟他自己的習慣嗜好，這樣已久的積習在追到夢中情人後慢慢又跑出來了，忘了自己當初的初衷，開始回去精采的生活。

他的夢中情人在對他失望之餘選擇轉身離開，他卻怪著對方要求太高，不知道要珍惜他。身為朋友的我們內心都清楚得很，人家只是看清了，不想給自己往後人生找來麻煩。

最後一個例子，三十多歲玩夠了準備要結婚，他選的對象永遠總是只能談戀愛的。

年輕的男人愛情總是好玩就好，可是當警覺到自己快不年輕了，選的對象卻還是在玩心重的，要求女方乖點，不要再那麼愛玩，要收心了要有責任。

女方聽了當然是無法接受啊！

還沒玩夠，誰要跟你結婚什麼責任的。

為什麼總愛上渣男？

我明明就是個好女人，為何總吸引到渣男？

這句話在更白話點，就是我總是愛上渣男！

當然，怎樣叫渣，渣男渣的程度指數有多大，這個人定義。

就社會新聞中看到的年輕未婚女性，或我的朋友圈中，未婚的、走過婚姻再次單身的，看到她們被渣男的各種招數，該說拐的還是連哄帶騙的？

有些女性友人實在讓人看到只能搖頭，連男性友人都看不下去的程度，該說她們笨嗎？可是其他方面又好像聰明得很，只是感情就真的是無藥可救的程度了。

年輕單身未婚的，可用涉世未深、單純來交代遇上渣男的沒經驗不會處理，可很多是已經走過婚姻了，再次單身的也一樣。

我甚至看過已經走過兩段以上的婚姻，卻老還在愛渣男，簡直就像是個渣男吸引機，而當事人講出的理由，讓人聽了就是覺得無言，無法用文字來形容的。

比如妙伶大嬸曾聽過，就是為了一口氣。

因為朋友們覺得她的男朋友是渣男。她為了一口氣要證明這個男人不是渣，所以要努力維持經營給大家看。

這段感情的結果是男女互毆，男方要女方的資產事業。

也曾看過比較年長的朋友，一直有個很奇怪的理論，家裡不能沒有男人，然後就看著歷任渣男開始吃軟飯，住她家白吃白喝等當大爺。

ღ

記得某網路紅人在他的直播節目中提過，他以前當兄弟時，看到很多年輕人叫女朋友去酒店上班，自己卻在外面偷吃，沒錢再去花女朋友的錢。

回家如果沒有拿到錢就打女人，自己的錢通通拿去喝酒賭博，還驕傲的說，她就是愛我啊！社會上更有要女友去釣男人，設局仙人跳，賺不義之財的新聞。

上列的渣，就是還是有女人愛，這該怪誰？

不管是男人還是女人，如果一直在找所謂對的人，而自己一樣的思考模式、行為沒跳出，都不認為自己有問題就是一直在舊循環裡，只不過就是對象換人演一下，重複演類似的劇情。

而當自己不同層的人出現時，自己的怠惰不長進也是會把所謂的夢中情人給往外推的呀！找對的人，這個人生學分如果老是學不會，那就別怪老遇上不對的人，問題在自己。

交往的對象：男人篇

男人的情大多數就像個調皮的大孩子，因為調皮所以不受控，只能自我管控。

單身的男人，從小時候的情竇初開，到開始懂得欣賞女性、喜歡、暗戀、追求，一定都會有著經歷花花草草萬紫千紅的花兒，吸引著你不斷的探索新鮮有趣的事。

就如你在抬頭仰望天空時，看看星星還亮著幾顆，在迷失的黑夜裡，最亮的那顆總吸引著你靠近。

曾有個作家在受訪時用飲料來比喻不同年齡的男人，把男人用年齡二十至五十歲的不同階段分別用可樂、啤酒、紅酒、茶來做男人追求愛情時不同階段的需求。

那位作家是個奔五脫單的男人，在歷經風花雪月後更有一番體悟，當然有他的處世看法，才能在選擇要婚姻時更能成熟真實的面對自己，去選擇適合的對象脫單！

然而，卻有不少男人不管在什麼年齡層，甚至是在經歷過了婚姻，都還搞不清楚自己，一直迷失在黑夜裡繼續尋找最亮的那顆星。

是人妻

當一個單身男子他的對象是已婚人妻時，那是明明已知在踩法律紅線卻還要去踩，那他索求的是什麼？

人妻因為有婚姻所以不用被要求有責任問題嗎？

偷情的樂趣好吃不黏牙嗎？

還是除了親密外，人妻還可以供給經濟？

還是真愛囉，可以為她換得自由身而付出！

以前是只要還沒結婚，人人皆有機會再選擇，現代社會開放，有些明明就已婚卻還是有插足的感情，有小三不稀奇了，有小王的也不少喔！這些種種也只能由時間來證明是不是真愛啦。

是歡場女子

歡場溫柔鄉講的是速食愛情，會在溫柔鄉暈船大多也喜歡刺激喜歡被捧。對於歡場的妹子而言，談戀愛是工作的內容之一、工作的手段，讓你有戀愛的感覺就是工作。

你們一開始的關係就是建立在金錢跟時間，沒有所謂的前男友這回事，你有錢去找她的時候就是男朋友，因為你需要她的陪伴跟性。

妙伶大嬸曾聽過一個有關兩百萬的故事，男女雙方相識於歡場，短暫的速食愛情後男方希望女方只跟他一人，女方開出要兩百萬。當時大嬸我不清楚這個金額怎麼算來的，終於高人指點下弄懂了。

陪陪客人唱歌喝酒或出場的歡場。

一晚六千，一個月十八萬，一年就是兩百一十六萬。

開口要兩百萬跟你過生活，生活柴米油鹽醬醋茶，還真是情義打折了，所以別再說歡場無真愛，人家可務實的很，知道有麵包才有愛，先惦惦自己有多少麵包再來談愛多久。

是熟女，是大你很多的姊弟戀

社會越來越多元，姊弟戀也不再是被禁忌，越來越被接受包容。熟女有一定的生活閱歷了，也許工作獨霸一方很有能力，跟大姊姊談戀愛最大的好處是：有能力的姊姊可以帶你體驗很多自己能力所不能及的物質跟生活，也因為有能力，她對於兩人關係的成立有一定的主導性。

這樣的女性有一定的自主性不像小女生這樣，很清楚你在她生活的層次。

那如是經濟能力不夠的姐姐呢？想必會談姊弟戀的你，姊姊一定是懂你的需求，給你安全感，照顧你、給予你溫暖安慰的！

是小姑娘

愛情的世界裡，年齡不是問題，現在年齡的差距父女戀常見，更跑出了爺孫戀了！年輕的女孩帶給你活力，在這樣的關係裡你能給小姑娘什麼呢？

最讓大家勵志的莫過於郭董和他的現任夫人了，郭董在原配夫人因病過世後，人海中尋尋覓覓直到遇上他的現任夫人。郭董的愛情故事更印證了，人跟人的緣分是老天安排遇見的而不是刻意找的。

郭董最著名稱讚他夫人的一句話，就是在她身上找不到錢的味道。

郭董是個舉世有名的企業家，為了事業得到處拚搏出差，他要的就是個穩定善良的女人，而郭董對於他的夫人跟娘家也是大方照顧，讓她如公主般的生活。

是恢單女

亦即是離婚再次單身的女人，如果是恢復單身沒小孩，那關係的建立會容易多了，就二個人好就好。

如果恢單女是有小孩的，這個時候真的多考量考量自己的包容力，不要去大看自己的肚量，這樣的關係隨時都在被考驗。

如果她的小孩還小，你受的了小孩的青翻跟爭愛嗎？

如果她的小孩正值叛逆期，叛逆青春對什麼好奇，常常都會做出讓家長不知道該怎收拾的事。

如果因小孩她還得跟前夫有瓜葛，在前夫刻意搞破壞下，你能不受影響嗎？

再來是你的原生家庭是傳統還是開明，能接受她離過婚有小孩的事實嗎？

人跟人互相吸引容易，這是一段不容易經營的感情，要能夠相處融洽、幸福，光是彼此有愛是不夠的，更需要智慧跟耐心。

男人對於女人的情愛，看是走心還是走腎

曾經有部中國的迷你電影，裡面有句台詞講的很貼切，大意上是說著：男人對於女人的情愛，看是走心還是走腎？

走腎，看來是一份屬於短擇的慾望關係露水姻緣啦。

走心，則得用心去付出了比較接近有愛的成分了。

在現代多元下應該又多一份叫走可利益的價值，雖然很不好，但真的也不少。

如果你是熱愛自由的靈魂，那就學學國際巨星李奧納多，且要有那樣的實力才能夠不被束縛，有那個實力，永遠專情的只喜歡不超過二十五歲的女友。

如果你是很沒定性的說變臉就變臉的，找個速食的買賣愛情也行呀！

如果你是從小就習慣有人幫你打理身邊一切、照顧你，那就找

個保母型的情人。

人跟人的相處互動就像一部紀錄片，了解自己的性格才能合符需求，這過程只有自己才能感受和體會的，缺點是這部紀錄片無法拔掉電源重錄，主角找錯了得立馬解決，千萬別辛苦了自己也別委屈別人了。

每個人的時空環境不同、立場不同，思考一下、冷靜一下。先了解自己是哪種性格有哪種需求適合哪種狀態，遊戲規則有了，默契有了，有緣分的再互相挑選囉！

交往的對象：女人篇

除了極少部分的女子，大部分的女人，無論你是大齡的還是正青春的，只要你是單身的，內心往往就如某流行歌曲所描述著女人對於愛情交流的渴望。

想要一份好歸宿，能夠永遠幸福，在關係中跌跌撞撞，在茫茫人海裡尋找希望能對到頻道的、靠普的良人。女人只要是單身，就一定會有男人以各種理由、狀態來接近追求。

自己要清楚，妳要怎樣的對象、怎樣的生活。

曾有篇被大量轉載的文章說著：當一個女人生下孩子時也就是男人現出真面目時，是這樣嗎？

男人的真面目，其實是妳在感情交往當中，在被追求時就已經顯現。該說是被蒙蔽或說是自己先裝瞎了，才會交往後的愛情換來是不斷地哭泣與傷心。

女人夠幸運或夠理智才不會被包裝蒙蔽，清掉不適任的人才能請進真愛妳的。

早知道他已婚

大部分外遇的男人其實都一樣，都有一樣好笑的理由。

比如，我跟我太太感情早就不好了，說因為小孩所以撐著，當初會跟她結婚是因為家裡父母的關係。

我跟我太太要談離婚了，談他在婚姻裡有多悲催，太太又如何不良及不懂他、不支持他。

就這樣用這招當釣餌，苦情計激起女性的同情與母愛，女人就陷進去的無可救藥的愛與付出，傻傻地等呀等，總希望自己的身分是能被被扶正的，認為自己的愛對他而言是這麼的重要，就等他說的給他需要時間去解決婚姻問題。

往往等呀等的，等到了妳知道他的太太懷孕的殘忍事實，隨著時間一天天的過，男人的理由越說越瞎編，越說越扯。

男人一開始或許還會以懂妳的委屈來安撫妳，隨著時間與一邊

的壓力增加，開始逃避甚至會搞消失。

事後才知道他已婚

極大部分的女人都有一定的道德感，在知道交往的對象是有家庭的，有時那種反應會很兩極化的。

一部分的女人會過不了自己這關，受不了道德良知的譴責選擇離去。

一部分的女人，會積極的為自己的利益想盡各種方法要去扶正。

而男人呢？

在他們的身分被拆穿時，如果還想延續這段關係，他會想盡辦法安撫住妳、拖延住妳！這時就會出現很多如上一段的內容，所有的話術理由，目的就是不要跟妳斷往來，要你繼續跟他在一起。

當然，也會有男人在妳知道後直接擺明他是無法離婚的，但是想跟妳在一起希望你不要走，無論妳是早就知道或是被騙的，一個男人他的狀態是已婚的，如果他的婚外戀開始讓他感到壓力、威

脅，男人翻臉的速度是會很快的，甚至聯合元配來告妳也是有的。

在妙伶大嬸所看過的婚外戀，發現大多數是性格問題，有些男人性格就是得處處放煙火才感覺生存著。甚至曾有很親近的親友在婚外戀爆發時，說出「新鮮的戀愛是他事業跟生命成長的動力」這種話。

記得有位曾經是玉女明星的跟上一位傳產的上市老闆，在那位女明星懷孕後被送至美國待產，當時，滿懷欣喜的她以為一切可如她所願的扶正。

哪知，娃兒一出生落地是女兒，這上市公司的富商馬上拋棄這女明星。原因是這富商在跟元配有了數個ㄠ兒後，他要的就是一個能幫他生下兒子的女人。

果然，在沒多久的日子這富商又有名女人新歡，懷孕生下確定是兒子後馬上休妻扶正外遇。

單身的女性，當妳的生命中遇上了這樣已婚狀態的男人，真的要好好思考，除了法律上的紅線，這樣的關係給自己帶來什麼影響，妳承受得起嗎？萬一有小孩，後面的人生問題、情緒承受得

起嗎？

他是真單身

男人的狀態是單身，他是找談戀愛還是找生活過日子的？

男人在愛情上的表現，有一大部分跟他的性格有一定程度有關，他以往處理情史的方法跟態度，不太會變的，怎處理以前的，以後也就是會這樣對妳。

就妙伶大嬸的男性友人曾直接說過：妳們女人怎這麼愛結婚啊，每有一個新對象，早就跟她說我是不婚主義者，怎老時間一到就開始演一樣的戲碼，要逼婚。

每個人要的關係不一樣，要跟這樣的男人一起就得接受他的不同也就是不婚主義的男人。

如果，妳遇到的人早就跟妳說是不婚主義者，千萬別期待他會為妳想婚，人家話早說在前頭了，就別怪別人耽誤妳的時間，更別想用懷孕綁住他要他負責。

男人如果情史花花草草多的，就得了解怎開始怎結束？如果一個男人把每一段關係的結束都把大部分責任原因歸咎於對方，那就是不太會檢討自己的人，很容易就是一直在找下一個在戀愛就好。

通常就是到處試試，到處搭訕到處聊，很多單身男人追求女人的動機就只是生活的寂寞與生理的需求，跟真愛還是有距離的更別說要什麼承諾跟未來了。

就拿個最近的男明星的新聞來看，男明星二段婚姻都爆出疑似婚外戀，對第一位前妻的風風雨雨到第二任妻子對他的癡情新聞，明明一個男人的情史過往就是一直在讓女人流淚，怎還會有這麼多的女人前撲後進呢？

這樣的男人性格就是適合談戀愛，想當他最後的女人，別傻了！這樣的靈魂是沒辦法在同一個女人關係停留太久的，談戀愛過程快樂就好，時間保鮮期到了，就別再糾纏才是對自己最好的。

也看過男性友人換伴速度，愛情保鮮期比新鮮的，每位新女友都一樣的使出洪荒之力的追求，追求到後呢？副駕座位的任期都不久。

他的每位女友，戀愛期間都充滿驚奇驚喜，帶著她們玩高檔的住高檔的，時間保鮮期到了，就都一樣的方法從冷淡疏遠到搞消失。

就在那位友人的歷任女友中的一位，失心瘋一般的在友人間到處找他的訊息。直到一位年長的大姊看不下去，直接講明要她別再找了，別再去纏這個人了，沒用的！

遇上了只是要玩戀愛遊戲的愛情投機客，女人能做的也只能是停損出場。當然，在現代單身男人靠近、追求女人的動機也有部分來自於經濟因素。

現代女子受教育的程度提高了，社會經濟發達了工作機會多了、賺錢的方法多了，有部分女人的能力更是在男人之上。經濟能力強的女人，她的母性往往還是存在的，對於照顧男性友人，愛上了也是很容易不吝嗇付出。

如果，這個男人肯安於當個好好安分主內也會是很好的一對，女人強於事業想要有家庭，有男人處理打點也是好事。演藝圈中不就看到某天后主持人家庭是這樣，在家庭生活中她就非常依賴她的先生。

有正面的例子，當然也會有負面。

一樣在演藝圈的天后，為愛付出照顧身邊男人甚至愛屋及烏、不計較，扶助男人的事業，照顧他的小孩家人。時間一直在走，換來的卻是這男人的不安分跟荒唐，到最後打跨國官司才成功休夫跟保住大部分財產。

身分證上的單身

每個人都有交朋友的自由，每個人都想要挑更好的，也有人說在還沒真的結婚前，都有再做選擇的機會與自由。

這樣的男人用偽單身在社會走跳，明明身邊有伴卻只肯給極少數的人知道，而那極少數或許也包含是他的家人。

以往很多文章會寫著男女交往見過家人是安全認證，別以為見過家人是安全，往往家人會是共犯結構，一起演給妳看。總之就是現在跟妳在一起，卻又想多看看，找尋夢中情人，其實就是花心作遂，見一個愛一個。

這樣的情況很容易把不知情的一方捲入三角關係裡，如果二女都不願退，往往造成二女吵成一團而男的在一旁擺爛。也很容易發生新郎結婚新娘不是我的情況，更嚴重的是新郎結婚不知情的一方還傻傻地繼續交往在一起。

是恢單男

如果是有小孩的恢單男，他的小孩如還小，他要找的是小孩的免費保母還是找另一半？

這樣的關係是沒生過孩子就得開始體驗當媽，親生的孩子在忤逆時就很讓人受不了了，更何況是當後母。帶著孩子的恢單男有很大的一部分心態是在找人分擔負擔，這樣的關係建立在女人的家庭經濟功能要很強。

此時跟小孩的教養相處，如果前妻加其他親戚有意無意的撥弄，這樣的情況會讓人很想瘋的，再偉大的愛情也是會承受不住的！

是失意男

當女人把一段感情看很重時，這個男人有沒有錢，甚至是負債的，失業的，女人總能用愛情來幫對方找一切的理由給他台階下，用愛扛起一切重量。失業沒錢，可以陪男人渡過低潮，負債的努力幫忙籌錢還債，有能力的女人甚至會為愛幫男人創業、出錢出力的，哪怕是連要給前妻的贍養費也一起給了。在演藝圈中不就曾有天后幫她的男人創業還債還養他全家的，就連前妻的費用也付了，最後換來人財兩失打離婚官司。

當然，人都難免會有失意低潮期，到底這個男人是真失意還是等著吃軟飯的差別就很大了。最怕的就是失意男他日東山再起時忘了曾經陪他艱苦渡日的女人，此時的愛情就容易被嫌棄，開始要更好的女人了。如果是遇上了假失意真吃軟飯的男人，真的還得秤秤愛情承擔的了這份重量嗎？

看重情的女人大多不重錢，當為愛付出錢財能不能換來真愛，真的沒有人可以給你答案的！

是來自歡場

講白話一點，就是你的交往對象來自酒店男公關，也就是牛郎，或他的職業涉及酒店娛樂業，酒店經紀或幹部類的，因為工作需要調度女公關，周旋在女人間的行業。如果你的這個對象已經跟你交往到共同生活的程度時而你卻還得花錢去捧他的場、甚至去幫他捧上所謂的紅牌時，真的就得回頭再想想，你們的關係是建立在買賣上還是他的溫柔讓你誤以為是只有你單獨佔有了。

到底是感情，還是短暫的溫存更或許只是買賣進而造成誤解，這種事只有當局者自己才能釐清，清楚自己的定位在哪？

他跟你是有年齡差距的

在女人的愛情跟婚姻歷史裡，在傳統上年齡男大於女，從大沒幾歲的到是父女戀、是爺孫戀。父女戀、爺孫戀有一個最大的共同特性就是男方得要有相當的能力去支撐女方的不足處，最常見的就是經濟上強大的支撐了，再來就是男方要有一定的人生閱歷才能引導女方的人生少點考驗，人生一帆風順。

在近代，姊弟戀從是禁忌到現在已不是新聞了。自己有能力的女人，在選擇愛情對象，經濟上的依靠安全感已經不是唯一考量了，很明顯的變化是女人在自己有充裕的麵包下能夠滿足她其他需求的年輕男性也是會列入評估。

愛情朦朧的美讓女人談起感情來，再精明的女人都會智商變低，男人真不真心或真心有多少怎去判斷？

只能說：當男人想盡法子要跟妳在一起時，那一刻是真的。

再來也只能從對方的人品、個性、環境、興趣嗜好、社交、處理生活的能力、工作的穩定度去觀察彼此適不適合。

男人跟妳講什麼過往豐功偉業或談他現在猶如可愛動物區的小動物，那都是聊天而已。講話、語言向來是講給人聽的，都是講給妳聽的，更有可能是瞎編膨風的內容。

男人做了什麼？真的喜歡就會付出，對妳付出了什麼那才是真的，人有所求才會有所為。

談感情有一定的生活風險，除了弄清男人的身分狀態外，怎去識人、看清一個人的人品，來者是郎還是狼，就是要學會辨識。

選對了保護妳，選錯了可是會折磨死妳甚至是會送命的。要愛也要懂得保護自己。如果可以，還真希望有檢測儀器，這樣就省事多了！

曖昧

這是男女之間一種很微妙的感覺，當你往前踏一步卻在訊號不明時會馬上退後一步，也是當你怦然心動時卻又伴著若即若離的感覺。這種模模糊糊，似有若無的情愫到底是一段愛情的開始還是一廂情願？

放煙火型

這大多存在辦公室、職場、或有共同興趣嗜好的團體，只喜歡煙火施放時的煙花燦爛，也就是曖昧互動期的那種感覺、回應，喜歡放煙火型的人把這視為增進工作樂趣、張力。

時間不會太久，而且會煙花處處放，雖是有好感度，理智線卻也會警報響起，不吃窩邊草避免麻煩的概念，更有時的情況是有伴侶，搞搞小曖昧建立自己的信心，不會暈船的。

這種曖昧作用在於提升無趣生活的張力，順便是測一下自我魅力指數，比如曾在某節目中有名心理醫師來賓提到，她年輕時遇到的已婚男同事很喜歡講他老婆生活小習慣。而她只是一個剪舊信用卡的動作，已婚男同事就說「你好可愛喔、我老婆都不會。」這類的話術吸引她。

這就讓這名女心理醫生覺得自己被看見、有知音，可能連內心小劇場也開始演了，到最後還是幾位女醫生一起發現那位男同事就是在女同事間處處放煙火，遇到這樣皮喜歡找生活樂子的男人，女人也只能更油條回應，才會讓男人知道進退，煙火別放過分了。

至於男性遇上了喜歡放煙火型的女人，會容易處於瞬間被高估崇拜而暈頭轉向，感覺被肯定、被欣賞的吸引力，直到突然發現女生對他不再有樂趣的回應才會回神。

放煙火型的曖昧，這招用在生活比較封閉或單純、內心自信比較不夠的人會比較有用。大家如果要罵這樣的人是渣，到處去攪撩女人、男人，憑良心講，這哪門子的渣？這樣的曖昧並沒真的做出失格的事，是情境局者對號入座投以期待值太認真，真實生活太封閉。

工具組型

這樣的角色大多是在偽單身、單身都有，男人會養了一缸子的美人魚、女人就會組一群組工具人，把每個人依照角色不同、功能性不同去區分定位。這樣的人不太會發好人卡，界線永遠不會明，時間也會拖，很會用暗示性的影片或語言來讓你自己去編演內心小劇場。

當快死心了，卻又好像讓你有機會的感覺。殊不知，你不就只是他名單列表中的一個名字。

這種曖昧關係除了生活娛樂來源之一，提供功能性、調整曖昧距離卻不用有負擔、承諾、責任。

價值利益型

這樣的一段關係維持的時間可不是只有拖而已，更有可能持續維持著，外人霧裡看花，看起來好像有那樣的親近卻又怪怪的。

更有情況發生在一方想用到處宣示主權的方式來逼對方承認、答應交往，就是女倒追男的情況，一般正常人遇到被只是朋友關係的人，卻被對外說是情人或地下夫人關係時，正常的反應是會把界線拉起來的。

當被亂傳的一方卻只用輕描淡寫的方式帶過處理，心態上大多存續著以使用價值來看待處理這段關係，而到處宣示主權的那方，心知肚明對方不會跟她進一步交往，卻還是繼續讓外人霧裡看花，就是這段曖昧關係繼續維持著能讓她達到利益。

這種情況不太會發生在男追女的情境，一般而言，男人在知道沒機會沒希望時，大多不會再繼續把成本、時間投資在同一個女人身上，男人大多會轉移目標了。

試探型

這種試探的情況，男女都可能發生，追求者根據對方的回應做調整，最有可能就是採迂迴策略，看是要熱情還是先放冷，作用在於調整二人之間距離。待他確定了動向，想要進一步發展就會展開告白、追求，也有部分是處於有好感，但是事業正屬於衝刺期，無法去分心發展維繫一段感情，就只能維持關係互動，不要斷聯卻無法進一步去交往。

沒自信型

這類的情況雖然女生也會有，大多是發生在男生的處境，有喜歡的對象、對女生很有好感，大多屬草食男還是弱食男型，內心不夠強大甚至有點自卑，或認為喜歡的女方條件優，她應該還有其他排隊名單。

處在自信不夠的狀態，只會繞著女生，在她眼前晃就是不知道怎去主導互動、調整節奏，該出手時不出手，愛在心裡口難開，臉皮薄怕講了被女生拒絕，只會傻傻的看緣分機會溜過。

斤斤計較型

有些男生、女生很精的，每一步都會計算，看報酬率，不花錢幫別人養老婆、不幫別人照顧老公的心態。

可能連曖昧期間示好的禮物都還是借花獻佛是別人送他的或是贈禮轉送的，計算到盡量不花自己的成本，遇到這類的對象，當真的往前進一步關係時也是會充滿算計的性格。

自我感覺良好型

這類型的是為林志玲還是郭董上身，或許有漂亮的名牌學歷、高顏值，自以為好的工作，以為自己的家裡很有財富。

當製造出升溫的氛圍時，對方開始有熱情的回應時，持續一段時間後，他會開始搞放冷、甚至暫時性消失，用意在試探對方有多喜歡他、在意他。

如是男性自我優越心態，看最好是能不能夠等著當大爺，讓女生自己來崇拜他、女生自己來貼。如是女性就公主病嚴重，試試追求者能為她著迷到什麼程度。社會版傳出負面新聞的小牌明星、網蟲，都是用這樣的伎倆在消費男女性粉絲、友人。

ღ

究竟曖昧是一段愛情的開始還是一廂情願？如果你也喜歡這樣的感覺，那無妨！如果你的情緒會因此困擾，那你可以選擇轉身離開。

如果想追，那就去追吧。

告白與好人卡

男女之間的友誼無論是從一般的生活環境，有了機緣去認識，還是從網路上交友而來的。幾乎，最初時的來往都是從各種通訊軟體開始淺層互動，慢慢的有聯結、交集越來越多，再來建立好感度。

二人之間的變化，隨著好感度的增加，越來越多的試探性互動、搞曖昧，看彼此的回應再進行下一步，告白確認關係。追求者往往會想了解對方在做什麼、興趣是什麼？去接近她，讓二人的距離拉近、情感升溫。追求者往往也會努力的表現幽默感，以搏佳人一笑，甚至展示能力贏得被追求者的信任，增加相處的機會。

喜歡她，希望能進一步交往，終於鼓起勇氣告白了，哇，怎被發好人卡呀！

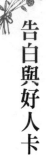

好哥兒們型

你們之間的互動關係讓女生覺得很安全，你可能也會知道她很多小事情，連她很粗魯、邋塌的樣子也不怕你看，不怕沒形象，你們可以常常整群人出去玩樂，她把你當軍師之一有事會聽聽你的想法。

當被女人歸類為好哥兒們了，代表她跟你不來電、沒感覺，這關係在友人以上戀人未達。可別電視看多了，以為一直最認識了解她的大仁哥能升等變情人。

女人對於好哥兒們的感覺是不大容易變的，這種情況的告白後，往往會讓二人的關係冰凍一段時間，會讓二人尷尬一些時間。

不過有些不能見光的戀情可是會故意用好哥兒們來包裝掩飾的，這就不是真的好哥兒們了。

共同興趣嗜好型

這種情況最容易發生在有共同興趣或活動的場合、社團認識的朋友，因為有共同的興趣開始有了交集。

比如：登山、馬拉松，參加同一個登山隊、馬拉松的練跑，互動多了，一方開始產生了情愫，隨著活動參加次數多、來往時間也會多了，甚至慢慢的還會有活動後一起吃飯類的小聚會。

也許有機會她還邀約她的閨蜜一起，有情愫的那方大概內心開始演起小劇場了。哇，她把她的閨蜜帶來了，是認證訊號嗎？那怎還被發好人卡呀！

喔，你的角色就只是登山的隊友，至於閨蜜出現，女人是群聚動物就是喜歡閨蜜一起社交玩樂。

還沒放下型

這樣的女生大多是因為上一段感情傷害太大，沒安全感跟勇氣再去開始談一段感情，需要時間來恢復。

至於，時間需要多久，這沒法去定論的。

情傷，有人很快的，可能兩星期、兩個月，有人可能已經兩年的時間了，還走不出去，就一直躲在殼裡。

她有男伴了或你被發現有女伴

這樣的情況很容易出現在已經是認識一段時間的朋友上，她對你有一定程度的觀察跟了解。

你的好，不足以去撼動她跟男伴的關係，所以只會跟你搞搞職場曖昧，時間到了理智線會開啟自動腦袋記憶消磁。

你的角色是被用來提升自信的來源，職場小樂子。

如果，你是被發現有女伴的要搞劈腿，並不是每個女人都願意當小三的，不當小三的女人道德感重，她會直接把你列入黑名單，認為你這個男人人品不好，會跟你保持一定的距離。

曖昧太久，fu變了

這個就得怪你自己了，節奏沒抓到，拖泥帶水的性格不被欣賞。一段緣分從二個人互相吸引開始有互動，前置時間拖太久了，女人對你的感覺也是會變的。

當女人對你的欣賞、喜歡開始減少時，代表有其他的人事物把她的注意力給轉走了，感覺變了大概火也熄了。

這時候的告白為時已晚，如果沒有其他燃點，緣分機會大概就只能從你眼前飄走了！

個性使然型

這跟她有沒男伴沒有關係，有些女人就喜歡享受這樣的曖昧關係，喜歡被追求被捧，不安於室，把這樣的關係認為是自己的自信指標。

這樣的女生往往是曖昧高手，就算發好人卡給你，也不會很澈底劃界線，留個希望給你，也造就了所謂的好人工具組名單。

現階段無法經營感情

現代的女生也都會有自己的工作事業要發展，企圖心強的女生可能面臨事業太忙、衝刺時期。

忙著被派到處出差，心有餘而力不足，無法去兼顧發展感情，她對你也有好感，只是此階段無暇分身，只能維持淡淡的聯絡關係，這時候對她來說感情會造成她的壓力。

如果你很喜歡這個女生，知道她正衝刺事業時，只能多給予關心、溫暖，有時間就相約碰面，千萬別她忙得快連睡覺時間都沒有了還在吵她。

踩到雷區，搞炸了

這得看她對你有多少好感度了，搞炸了需要時間去沉澱，人都會隨著時間忘記一些事情的。

這種情況不要完全斷聯，只是需要冷處理一些時間，慢慢的把好感再找回來，當好感度再次提升時，看女生的回應判別冷熱。

知道了女生的雷區了就不要又笨到再去踩。

你不是她的菜

每個女人要的愛的不同，高、富、才氣、人生閱歷等，青菜蘿蔔各有各的欣賞需求。

有的女人愛高顏值，非帥哥不入眼，男伴一定要高顏值。

有些女人可以什麼都沒有，就是欣賞有才氣的男人。

有些女人景仰有豐富人生閱歷、有很多人生故事的男人。

有的女人很實際，喜歡口袋有實力的男人，這沒什麼對錯，個人需求價值觀。

能夠勇敢的去告白追求自己想要的愛情，不管你是收到哪一種好人卡，就已經不再是愛在心裡口難開，是已經努力的為自己為未來爭取想要的幸福。而這次的告白失敗只是短暫的感情經驗學習，用意在下一次機會來時，自己要學會觀察對象是能夠發展感情的人嗎！我們是彼此適合需求的人嗎！

告白重要嗎

每個人追求愛情的方式不一樣，無論是男追女還是女追男的情況，一段關係能不能往戀愛的方向推進，有一定的演進過程。男女之間從一開始的初相識，到有了好感互相吸引、曖昧、追求到真的在一起，這個過程建立在雙方彼此都得達成共識，才能稱得上是在交往的男女朋友關係。

在傳統的年代裡，男女關係認定非常簡單，非黑即白的，沒有所謂的模糊空間、曖昧地帶，一旦男女之間開始約會，就代表有相當程度是彼此認定，一旦有了親密的肌膚之親，那就不得了，一定得嫁娶不可，馬上變成夫妻關係。

然而，現代社會在進步，男女關係的界定更多元化，兩性之間的氛圍界線挑戰著傳統舊思維，很多戀愛老手喜歡遊走在灰色地帶，也有不少仍守著傳統認知觀點的人，喜歡與戀愛的距離，我們到底是不是一對戀人？

怎樣算約會

可能用怎樣算成功的男女約會來形容更為恰當。現代社會，因為商業行為、工作上的交流難免會有公領域上的往來，就算身分是學生也會有共同興趣、共同作品，產生的社交行為。

這樣的約會並不算建立在發展感情上，不屬於男女之間交往的約會。

就算是在私領域上的朋友，經由通訊軟體往來一段時間了，彼此相談甚歡，約碰面開始有初步交集，這都還算是在認識朋友階段，談不上是情侶之間的約會。

我這個執筆大嬸聽了不少青春組的朋友講起他們對於約會的疑惑，最常聽到的就是：我們透過軟體聊天一段時間了，感覺似乎很熟悉了，怎麼幾次約會吃飯看電影後就不了了之。

在一開始透過手機認識彼此，花很多時間分享生活、分享想法，甚至更聊得來的還會報告行蹤，聊工作上的瑣事進度、家人狀況。

似乎都知道彼此的心意，讓你誤以為就是很重要的朋友了，更有的可能讓你以為就是男女朋友的關係了，怎會在見幾次面吃幾次飯後，有一方突然開始慢慢的冷回訊息到最後還搞消失了。

其實，當真的碰面後的發展才是有沒有戲的關鍵，前面的那些只能算是筆友，是一般朋友認識的前置作業，真的碰面後的往來才是多認識，確認彼此有沒有感覺，能不能進一步去發展感情。

如果感覺有了，彼此有對到頻，才能再往前再邁進一步，要不都還只能算是在努力認識對方，貼切一點的說法叫認識之餘，有好感往曖昧方向前進，離喜歡還有距離，這樣的約會就還不算是男女感情發展的約會了。

交往前先建構共識

國際巨星章子怡曾說過一句名言：有些男人穿了褲子就不認人了。

在現代的男女交流上，別說是男人，有部分女人也是就算上了床也不能代表你是她的什麼？在傳統的舊思維觀念裡，男女之間的肌膚之親發生性行為，除了是買賣關係外就是你的另一半了，在當時的社會裡，一旦有了男女之間親密關係就一定得負責，一定得娶了女方，要不就是敗壞門風引人唾罵，社會不容。

在現代，男女交友交流容易，時代在進步、社會世俗觀念在變。對於男女之間的性事，遊戲人間不想負責任的男人稱之為炮，文雅一點的說法叫床上的朋友，女性朋友如果用已經跟他上了床有了親密關係的性行為了，就誤以為是在交往關係，是女朋友的角色，但是男方的態度想法不是這樣時，那就很讓人受傷了。

如果遇上了是走在時代浪尖的女性，男性以為約過幾次會交往些時間了，你自覺很喜歡她，她應該也喜歡我，已經跟女生一起出遊過夜、甚至更進一步的上床有了男女關係了，以為著這次終於沒做白工了，應該不再是單身狗了，終於脫魯了！

那可未必，這年頭，有些女性的考核觀察比較廣，或許你們在床上很合拍，也算聊得來，可是當女生觀察到你們似乎有些許落差，生活環境、觀念並不是那麼適合跟你發展一段感情時，那你的位置就不是所謂的男朋友了，因為她不會想跟你多有交集。

走在這個年代，男女上了床並不一定就是會有好的結局的，是床上的朋友還是男女朋友，誰被誰睡了、誰佔誰的便宜？還真的不知道！當認知有差距時，誰該對誰負責？

順其自然，自然就沒了？

總有些可愛的小姑娘、小帥哥認為自己是談戀愛，卻遇到對方不太敢在彼此的生活圈中去承認你的存在，或總是以好朋友帶過，不想將你們的關係公開化。

感情就是這樣，當比較在意、比較付出的那方總會為對方找藉口、找理由，為這段不肯確認關係的那一方找來一個最好的理由叫順其自然，也為自己能繼續在這段關係中委屈待著。

感情哪有那麼複雜，哪有那麼多的理由跟藉口。無非就只是喜不喜歡，有喜歡到願意定心一個人的差別。

當一個人心中有你時，一定會想辦法出現在你眼前，根本也不用人家逼，自己就會來，希望跟你在一起，不要跟你只是朋友。當一個人對你的回應是忽冷忽熱的，說穿了不就只是無聊、耐不了寂寞，有個人來陪伴消磨時間。

談愛太遠，離喜歡還有點距離。當一段感情需要你用順其自然來安慰自己時，是一個很大的警訊，男女之間有感情有愛，就會有佔有慾，一定會帶你走進他的生命他的世界。

在這個時代告白或許是老套點了，也許會有人認為男女交往有沒有告白不是重要的事。

妙伶大嬸唯一能告訴你們的是，有沒有告白，是由誰告白？接不接受告白？至少是為這段感情取得共同的認知，確定關係，到底是不是一對，不用猜來猜去，更不會當一方開始在不安的氛圍出現時，有了宣示主權的行為，卻被潑一盆冷水，冷冷的被說出我有跟你告白過嗎？我們不是那種關係。

告白重不重要，自己想想囉！

分手挽回

戀愛，一段關係的開始，需要兩個人都同意，才是取得共同確認身分為交往中的男女朋友、情人關係。

而分手卻只要單方面不願再繼續就能成立。相愛容易相處難，很多情侶在吵架吵到不可開交時，一方不願意再繼續，另一方不願意放棄，而不甘心被分手的、不願意放棄的那方就會用盡方法想要挽回。

因為分手造成的情緒問題，很多人會在分手期間，做出封鎖Line、臉書的舉動。除非對方有做出騷擾的行為，要不然封鎖是保護自己卻會傷害別人的，除非必要，真的不建議做封鎖。

造成分手的原因是可處理的嗎？

分手想要挽回，如果是短時間內發生的事，有時只是情侶間的磨合問題，價值觀、習慣的調整。

在情緒氣頭上過了，求和的這方擺出低姿態、退讓，而原本要分手的這方態度不再強硬堅持，就彼此都還有轉圜的空間，還有一起往前走的機會。

要挽回，如果是彼此性格差異性太大，無法去包容彼此的不同，那需要時間沉澱彼此的想法，別讓不甘心來主導情緒做出不理智的行為。

可往往不被愛、失寵的人最瘋狂，被分手的人為了達到目的，控制不住自己的情緒所做出的挽回行為，是會讓人覺得遇到瘋子，一直被騷擾、覺得更討厭這個人。

所以，如果分手是短時間的事，而對方態度又冷淡強硬，要挽回絕對不是死纏爛打，讓時間來慢慢沉澱過往的對與錯，沉澱堅持與退讓，更重要的是造成分手的原因是可處理的嗎？

人真的是很可愛的動物，感情間的爭執有時經過時間的處理，只要不是撕破臉的太難看，反而會忘了自己當初到底在生氣什麼？

忘了在生氣什麼代表情緒也緩了，如果二人對彼此都還有感

覺、還有情愫在，講開了、解了心結，那重新再開始也是有可能的。

為什麼要挽回？

如果是分手已經是很長的一段時間了，還想挽回。那第一件事，其實是先問你自己都已經分手一段時間了，為什麼還要挽回？是不甘寂寞找前任最快嗎？還是放不下這個人？

漫漫長夜寂靜難熬，孤燈汲汲沉沉，不甘寂寞下又想起前任的好，這就不是情難釋了，而是當下的你無法克服寂寞，自己處理不好自己。

當又再有感情時會不會又時間一久，又覺得二人相處煩、膩了，這不是一個好的循環也是很多情侶在分分合合的原因之一，沒弄清楚自己要什麼？

能修正多少自己性格

如果是放不下這段感情，這個人。那你要先檢討是當初造成分手的原因是什麼？屬於你自己的問題又是什麼？自己真的能修正嗎？能為我們付出修正多少的自我？

情侶短時間反覆的分分合合其實就是不適合，就只是兩個寂寞的靈魂在互相取暖而已。

不是因為愛來付出自己、包容對方，彼此的性格比較偏向是當遇到問題時，處理的態度是用拖過的冷處理，一段時間好了當一樣的問題又來了就又分手了。

感情並不是努力就有，經過長時間的沉澱有去思考彼此的差異性在哪嗎？了解彼此的性格適不適合？價值觀、生活習性、彼此的需求是什麼？

需求能被滿足在一起才會快樂，才有再重新開始的意義。

要挽回別演戲

妙伶大嬸曾看過朋友圈中不少分合，因了解而分開，也有因了解而又重新開始。

我的一對友人中，分手已一段時間了也都處於單身狀態，女方A小姐非常了解兩人的性格差異性、價值觀的問題、嗜好無法去調整改變跟兩人的生活環境的差距、生活素質要求等，她是個很理智的女生，內心知道兩人其實是不適合的。

所以，當男生因為想挽回，在臉書上發佈一些不同於以往的生活改變，當下她是很不以為然的，甚至覺得對方是在演戲、看他能演多久。

我曾好奇的問她，為何會覺得對方是在演戲，既然是彼此都是單身，他有心要復合為何妳不接受？

A小姐回答，畢竟兩人交往過一段時間，對他有一定的了解，他的朋友圈、生活環境、嗜好等。

撇開價值觀的差異先不談，他在臉書秀的改變，光是看他身邊的那些朋友都還是同一掛人，那掛人是幹什麼的？平常什麼娛樂活動的？都清楚得很，現在不就是他那些豬朋狗友在配合演出而已。

造成兩個人會分手的原因，人要改變得要有多強大的意志力，要改變的甚至是朋友圈、環境也要跟著變才有可能真的知道要去修正自己的問題，也比較不會又被原本的朋友圈影響，又回去導致二人分手的點。

結果，還真的被A小姐說中了！演戲只演兩個多月就演不下去了。

繞一圈後舊愛最好

分手後很長一段時間又重新開始的，演藝圈中就好幾對了，最著名的不就是王菲跟謝霆鋒這對了，在分手十多年後，各自有過一段婚姻也都生兒育女了，覺得還是舊愛最好，兩人就又在一起了。

妙伶大嬸的朋友圈中真的也是有這樣的例子過，其中一對還是孩子長大了熟年離婚，各自單身經歷了其他對象，雖然是花了多年

的時間，繞了一圈後，還是覺得舊愛最適合，就又在一起了。

這就是更了解彼此的需求、狀態，因了解而又重新開始。

別用不成熟的方法

分手要挽回有些人會用方法卻沒去檢討分手的原因，自己的問題。

我曾看過最不成熟的挽回方法就是利用異性製造假想敵，想讓對方緊張。也就是分手是短時間內的事，希望對方回頭竟然用和異性友人出遊的方式，來試對方看看有回應嗎？

用假想敵去試對方的反應，這要看對方性格才能用，這方法更不是一個成熟的感情處理方式。

對方如果是馬上回頭，很有可能她只是爭一口氣把你搶回來，如果你們原本的問題沒協調好，很快又會再分手。

如果是自主性比較強的女生，這剛好是大地雷，反效果。自主性強的女生是不會讓自己處於被選擇的。

想要挽回舊情人，先保持互動，不要再被討厭。這很重要！不要再被討厭了！

如果，不知道怎保有互動、關心，就先找讓二人有重新交集的連結，簡單一點的方法。

慢慢有互動，慢慢有連結，不要想一次把所有的問題都解決，那是不可能的，更不要想用撩妹的心態去互動，畢竟你們交往過，她認識你，知道你是怎樣的人。先把彼此的好感找回來，把距離拉回來。

如果你是真誠的，有心想修復這段關係、這段感情，就會有機會再走進她心裡。

放不下的鬼打牆，怎麼修復自己

如果相識是一種緣分，那分手呢？

當初有多愛現在就會有多痛，彷彿連呼吸都覺得疼、覺得沉重。心中反覆想著，如果當時我不做了哪些事，說了那些不該說的話，今天就不會這樣了。

會讓一段戀情會無法繼續往前進，造成感情中斷、失戀的原因有很多因素。如果是對方劈腿造成的，這會帶來情緒上的震驚憤怒，覺得自己的價值被否定，會思考著是不是自己不夠好。

妙伶大嬸見過的被劈腿例子，有男有女，他們的反應都是從震驚、不可置信的求證、到憤怒。

無論男女，只要是不想被分手的，幾乎都會做出死纏爛打的行為，直到分手局勢已成的管控不了自己情緒的反擊，弄臭對方、搞得玉石俱焚，甚至還有演出自殺相逼的。

如果是性格或其他環境因素差異的分手，雖不會有震驚憤怒，仍免不了的情緒起伏低落。這都會造成失戀者壓力上升，焦慮、失眠、食不下嚥、動不動就大哭、暴怒，甚至是更嚴重的生理現象，達到需要就醫的程度。

這個過程讓人很不好受，情緒上的傷心低落無法避免，因為是一段真誠的情感付出，身心靈一定會受傷。而這情傷的復原情況跟時間會因人的性格、環境、人格特質差異性會很大。有人兩星期就好，有人兩年時間還躲在殼裡。

生命一直在往前走，人生是沒有後悔藥的，反覆的鬼打牆、焦慮，要跳脫情傷的情緒真的不容易，有這些反應都是正常的。生活幸不幸福，在於感受問題，不在身邊有沒有伴，經不起風浪、吵架考驗的都是人生過客。

你一直以為失去的是愛，其實你並沒失去什麼，你所失去的只是你養成的習慣而已。

所以，停下來，別再找原因了，先找方法把受傷的自己縫縫補補，補起來。如果正受失戀情緒所困擾，不妨試試下列方法，請以七天為周期進行對自己的治療走出情傷。只有自己能幫助自己，走

出情境負循環。

第一週：放空期

這階段情緒會最不好、最低落，甚至憂鬱提不起勁，過著行屍走肉的生活，所以唯一能做的就是放空，只做日常生活紀錄。

請你每天真實的面對所發生的任何一件事，比如交通動線、搭幾號公車還是騎車，老闆請客、還是跟同事、同學有磨擦吵架了，午餐吃了什麼？

還是忍不住去偷看了對方的動態，看了幾次，看了心情如何？跟好朋友閨蜜一起罵了對方數落對方的不好、罵了什麼內容？

這階段請您一定要真實的紀錄七天，真實去面對自己所發生的大小事。

第二週：習慣改變期

請您從第一階段中所記錄的生活中找出自己最容易改變的習慣。

比如原本每天都是騎車上班的改搭大眾運輸，讓自己看看不同的風景。早餐原本是吃便利商店改成早餐店。

如果，有空閒時又忍不住去偷看對方動態，請千萬別責備自己為何要去做會影響情緒的事，有這樣的行為都是正常的，人難免都會有好奇心，不要去限制自己不要做什麼，你可以繼續去看，學著平常心想看就看。

但是，請記得一件事，每看完一次對方動態也要去看原本不會接觸的，比如八卦、政論還是可愛的寵物類網頁。

看完對方動態後心中有什麼想法？看完新奇、以前不會接觸的，心中又有什麼想法？一定要真實的去面對自己內心的變化！

第三週：把自己找回來

到了第三階段或許還會有人忍不住再去偷看對方動態，這沒什麼不好，請不要壓抑或責備自己。

只是對方現在好還是不好，都是與你無關了，告訴自己：他的狀態對你不再重要。

這階段最重要的是訓練怎樣把自己抓回來，只關注自己，為自己去做一件簡單的事而這件事的出發點就是自己。

完成這件事的進行當中，你可以找你的好朋友陪伴你或自己去完成也可以，在你完成這目標時就是踏出第一步，叫做愛自己。

該翻篇了吧！

失戀，就像每個人都會生病的一樣，兩性情感教育，真愛？該翻篇的時候，也該翻篇了吧！感情的起跟落，一段關係的結束，是人生的學分學習，學習如何發自內心去尊重別人的選擇。

那一頁故事，終究是要翻過去的，告別不適合的人，把心房空間清出了才會有更適合的人進來，才會有幸福蒞臨。

以演藝圈最著名的例子就是熊黛林，如果她內心不清空一直糾結過去的所謂天王嫂身分，怎會有現在的幸福，現在的美滿？

儘管每個人的失戀的不太相同，大概會經過的過程如否認、憤怒、交涉、消沉、接受。如果一直要抓著過往在回憶，想著就像芭樂票一樣永遠不會兌現的承諾，是要浪費生命繼續讓自己的生活枯萎，還是要走出去重新振作？

ꕤ

人跟人的緣分學會接受生命無菜單的體驗，千萬不要有誰不珍惜誰的想法，那容易讓自己掉入不甘心的思考邏輯。

先戒掉你那該死的不甘心與執著，自己內心的那道坎，過了也就過了，一段緣分就是人生的一段經歷，讓自己更成熟才能可以再去另一段關係的開始。

逝去的，已不存在你的生活了，愛過了，記得走出來。

網路交友

每個人的眼界都很有限，只看的到自己環境眼前的那片，多交朋友就是在擴大自己的視野，放大生活圈，聽聽不同的觀點。就如同在真實的生活裡，有好人有壞人，網路世界也一樣，也是有好人跟壞人的。網路交友是現代人交朋友的管道跟方式之一，這沒有所謂的好或不好。

只不過最大的不同，網路交友最需要注意的是對方的真實度，無論男生或女生都一樣，一樣都有可能會遇到騙子，有心人可是會放長線釣大魚的，跟你的對話都很有耐心，引導情境讓你開始想像幻想。

網路上最常見的包裝：男的包裝成事業有成，從膨脹自己到變成吹牛。而女的呢?拜修圖軟體神通廣大，女人修圖修到幾乎是變另一個人，也讓網路女神滿天飛。

談網路交友，你當初上網交友的動機、心態是什麼呢?基本上會上哪種交友平台，就是反映另一個你，也就是哪種屬性了！

只是床上的朋友

那你情我願的二方意合，彼此目的需求到了，也就別來往太多隱私了，社交圈交集越少越好，才能玩得開心又自在。

這年頭可不是只有男人會出來玩，敢玩愛玩的女人也不少。這樣型態的交友，不用道德去評論，只講風險。談這種只求肉慾不要負擔的床上朋友，別天真到住家、工作、財務交友圈等全露。

若一方玩到放感情認真了，或知道太多私人財物等開始有目的性索取，哪天踢到鐵板了，小則疾病問題安全衛生預防、被糾纏、弄臭社交圈、身敗名裂，重則吃上官司難以收拾，設局仙人跳、性侵新聞常常見的。

無聊想找人消磨時間

網路聊天的確是打發無聊的好地方，往往只是一個帳號彼此不知道對方的真實身分就可以開始聊天，好處是都不認識沒負擔，只要不被封鎖的情況下講起話來就可以沒責任葷素不忌甚至可以膨風吹牛的。那跟網友的往來就請記得你只是無聊找人聊天，只是打發時間，一切都是看圖說故事、編劇而已。對方所說的話聽聽就好，不用太去相信，也不用太認真，就用圖文分享的心態。

網友私下跟你對談就當生活資訊分享，哪怕她美如林志玲或帥如金城武或很會引導情境，讓你感覺溫暖，讓你感覺容易相處，要清楚知道界線在哪，網友在熟，都只是熟他給你看的那面。

如果聊著聊著越感覺志同道合

不管是從哪一種網路平台來的交友，跟網友能夠從雲端的短暫交流到感受投緣，從不知道會跟誰能聊得上到期待特定人在線上，

那代表你們彼此看得順眼、聊得舒服，已經不只是瞎扯的網路聊天，一定有共同認同的話題或興趣產生了交集，感覺彼此都懂得對方的生活邏輯，有對到相同的頻道上才會讓你們內心產生念頭期待想繼續延續往來。

人跟人就是這麼一回事，當一方開始有了期待值、一方又有相對回應滿足對方的期待，就是開始投放情感了。

這個時候就需要慢慢去觀察對方了，觀察對方的人品性格，是能真的從網路走進真實人生的朋友嗎？

真是美滿登對的結局

在妙伶大嬸的朋友圈中，就有一對是經由網路認識、交往、結婚，男女主角當時的狀況都是已過適婚年齡，且沒結過婚沒小孩的上班族。幾乎，每天過著二點一線的生活，家裡、辦公室。在他們的現實生活中能接觸到的適婚年齡異性、朋友圈能介紹的都介紹了，總是到最後都緣分不夠無法再往前。

他們在網路上相遇除了是有緣外，更是帶著真誠的心態來交朋友，從初開始的有一搭沒一搭的聊天，到有用心在網路往來，該知道的、能透露的隱私如工作、家人等，到生活上、工作上的遇到的關卡或快樂分享，網路聊天約近三個月他們約碰面了。

這一對的緣分、彼此誠意俱足，第一次碰面後相談甚歡、感覺好，當然就是更來電了。

以前他們交友的障礙都不見了，適合彼此的人，真的就只能用有緣千里來相見形容，順利的結婚組成家庭了，到現在十多年了，也兩個小孩了。

走不出喪妻痛，大齡朋友也有情感的需求

在傳統裡的觀念中很容易會把年長者的心靈情感忽略了，總認為在人生晚年走了另一半還有兒孫啊！可以把心靈寄託在兒孫輩上，含飴弄孫的享清福就好呀！

這個例子就是一對大家眼裡的模範夫妻，晚年喪偶後走不出的情緒低潮，幾乎得憂鬱症了。

就是因為夫妻感情太好，太太在世時對先生的照顧太周全了，讓老先生非常需要也依賴另一半。在太太生病走得很快後，老先生頓失依靠，他是一個非常需要婚姻的男人。

為了能讓他情緒再振作起來，家人、兒孫、兄弟姊妹能用的方法都用了，眼見老先生越來越憂鬱的情緒讓大家都擔心，兒子有天突然突發奇想，幫老爸下載交友軟體，看看能不能幫助他的生活有點變化，打發時間也讓他轉移注意力，別再憂鬱思念母親。

老先生第一次網路交友，一切都新奇，在慢慢摸索下學會了新世界的玩意，竟在網路上聊著聊著也聊到朋友了，進展到約碰面吃飯後，更升級至男女朋友相約出遊到處玩去了。

老先生兒子一開始非常高興爸爸變開朗，直到見到那網路上認識的那位女友人後，有點嚇到爸爸對女人的品味。

在眼前看到的是一個肥胖大嬸，生活素養差穿著大紅大花的，連基本的家族外出用餐餐桌禮儀都沒有禮貌，還會到家裡小住，讓他們很懷疑那位阿姨的真實來壢跟動機。

老先生家境好，狀況也保持好，就是一個老紳士的樣子，而他過世的妻子在生前也是個氣質奶奶。會讓兒子嚇到，一切都是因為老先生太寂寞太脆弱了，在網路上有個可以跟他講講話的朋友，會關心他、噓寒問暖的，在當時對一個的外貌、生活素養就沒那麼要求了。

倘若人跟人如果不是同一層的，在當下或許不以為意，只是隨著時間久了是會慢慢體會到差距所造成的相處問題。

熟女熟男交友該注意

人生階段走到熟年亦即走過青春歲月不再青澀了，每個人都有點人生故事了，有了生命的歷練、生命的體驗了。每一頁生命故事都是一本活書，記載著酸甜苦辣、人生起伏。

無論是男女，當年齡處在熟齡階段時，一個人的人品跟性格、興趣嗜好可以修正的幅度真的很有限了。有些比較自我、愛自己的人，做事比較隨意，甚至是會投機取巧的的人，要他去學會承擔責任那是強人所難。

人生走到熟齡了，或多或少都會帶有生命學習成長的傷，這些傷痕怎處理？端看怎麼去把以往造成的傷轉化成往前走的動力或阻力。

這年齡更要注意的是真單身還是偽單身，當然，每個人都有交朋友的自由跟權力，只是如是有配偶、伴侶的人，來往的層次深度是要有界限的。

我們都只是凡人，別對自己的定力太有自信，也別跟異性朋友太不設限，別關心過了頭，也就不會發生不小心上了不該上的車跟床。

當你對伴侶外的異性溫柔動情，那是最大的殘忍與無情，當妳只是把人家當朋友，他想當的可不只是朋友。

你想抓浮板別人還想抓航空母艦呢

該說是人生修練有成，還是碰到這樣高功力的人該多修練自己，這年齡的熟男熟女會說謊編劇甚至演戲的功力真的非一般了。所謂的甜言蜜語或苦情苦肉計到這階段根本是進階版的，他們的功力可是能強大到發現你的弱點、你的需求來加以編劇、設局。

可往往涉入局中的人如在迷霧般不清醒，任憑親友苦苦規勸都聽不進，覺得夢幻又築夢踏實，覺得人生抓到浮板。殊不知你想抓浮板，別人內心還想抓航空母艦呢？

到目前為止，很遺憾的，我的熟年朋友，無論男女在網路上交友的，來往得太深入的，都還沒看到大家所想看到的結局。

也或許他們交往速度太快了，太有目的性，認識了解不夠多就開始同居，惹上無賴的或有問題的、人財二兩失的，男性、女性友人都有。

真的不可不慎，別自認自己已經有了一定的人生歷練了，要知道妖魔鬼怪也是有歷練過的，別太自信給自己引來麻煩，請神容易送神難呀。

有句廣告台詞，電腦會撿土豆。

現在，電腦也會撿朋友，或許電腦撿來的朋友還能來個網戀。無論是哪個年齡的網戀並沒有真正走進生命裡，比較屬於是心靈上的安慰。網戀算是彼此在建立好感度，這當然也容易夾著包裝，還有一部分是屬於自己心中的幻想。

打個比方說好了，網路聊天室是可以先想好內容再打出的，這個時候就是可以包裝，可以投其所好，滿足對方的興趣、需求，網路交友、網戀要等到了真的見面了，那才算是認識的第一天。

當然，也是有網戀修成正果的，在確定關係之前，可能得先多花時間多認識對方的為人、生活朋友圈，你們見面之後的真實相處互動，才能去判定對方是不是善類、還是騙子。

女追男隔層紗？

傳統的兩性的追求，男追女隔層山，窈窕淑女君子好求。現在時代不同了，遇上欣賞、喜歡的人，現代妹子對於愛情要自己去爭取來嗎？

女追男就真的只隔層紗嗎？

女生追男生就真的比較容易嗎？

如果女生要主動去追男生，先決基礎要件一定得是已經是認識的朋友了，要不，光只是一面之緣就追，可是會把男人先給嚇跑了，也就是二人關係一定已經是友達以上了。

再來確定的一件事是男生對妳的好感度，相處互動情況去判定這男生屬於哪一型的男人，多了解對方的狀況、性格，再擬定追男計，進可攻退可守才不會一下告白就死棋啦！

草食男

大自然界，吃草的動物就是屬於比較沒攻擊性，草食男的性格大多就是比較木頭，就算有喜歡的女性，有很多都是只敢心動不敢行動的，草食男真的不太懂得怎麼去跟異性互動。

大自然界的草食動物還真的都屬食物不會動，食物不會跑會自動到口的。所以，面對草食男是真的要用追的方式，怎追呢？女生要懂得先去拉近距離，製造機會。

打個比方，朋友圈中難免有一起逛街的機會，多去觀察他的穿衣風格、品味，再多找機會可以一起去的品牌店，這時交集點有了，主動出擊的話題也會多了，才不會發生你丟球給他，而他傻傻的不知道要怎接球。

要點小心機，在朋友圈的聚會裡，常常穿類似的穿衣風格，看起來會很像穿情侶裝，在妳們共同的朋友圈中，朋友們看久了，會很容易以為你們在一起了。

當然，如果可以，也是可以安排其他好友鋪陳幫忙敲邊鼓把你們湊合成一對的。當朋友們玩笑式的問，哦！妳們是不是在一起，只要他沒直白的否認拒絕，那就恭喜囉！

弱食男

曾經是充滿自信的，這樣的型態比較屬於是階段性的男人，這也是不少姊弟戀的形成原因之一。

此時，男人正處於自信不夠，能力不夠，就如獅子生病了、殘了一定是處於沒自信的狀態。

弱食男造成的原因很多，有可能是剛好事業低潮、失業、失戀、受挫、或重病重傷時，這樣狀態的男人就像個受傷的小動物般，需要人給予溫暖、安慰、甚至是照顧。

在跟這樣狀態男人的對話框框要讓他有同理心的感覺，用類似的人生經歷，發自內心去關心他、安慰到他、在挺他。

不過最需要注意的是，就算你們真的在一起了，如果妳不是他最喜歡還是原本喜歡的那型，當弱食男自信恢復了，又遇到真正喜歡的女生出現時，很容易就是危機了！

肉食男

大多數的男性多屬肉食男，是侵略性的雄性動物，面對肉食男妳能做的就是要演成獵物，看起來是被動其實是主動。

妳如果用倒追的方式去跟肉食男互動，他會覺得沒主導權，會丟臉，甚至懷疑妳的目的性是什麼？如果感受不好還會讓他對你產生反感。所以，不可以用追的方式要用釣的，女生不可以太強，也不可以太假。

講個實際的例子，曾經有個妹子倒追我的好哥兒們，而我的好哥兒們對那妹子一開始也有好感，女生用修電腦的方式向要男方去她家，可是，電腦壞掉方法的方法太拙劣了，通話中被男生識破女生是故意的，瞬間讓男生熄火，好感也沒了。

據我那好哥兒們說法，男人討厭會去設計的女生，覺得這樣的女人太恐怖了。

對於肉食男，女人得要去挑起他追的慾望，引導他，卻又不能表現得太需要他，讓他自己甘心陷進來，有期待才會認真，才會把頻率跟妳調在同頻道上。

如果是個很明顯的肉食男，面對主動追求的眾女性們，倒追得太侵略性了，男生或許會跟妳吃飯、喝酒、約會，但在肉食男眼裡那並不代表什麼。

死纏爛打

先決要素一定要先跟男方家人熟，且男生的修養要好，不會口出惡言惡臉相待的。妙伶大嬸看過三個人用此招數而且還得逞的倒追成功。

其中一對女追男追了九年，從很年輕時女生可以為了等男生跟她去約會看電影，在男生家從下午等到晚上，男生不想口出惡言，想用裝睡想拖過，看女生自己會不會知難而退。最後是男方的媽媽看不下去，把男生轟起來要他跟女生出去，還真的追九年追到了。

另一對也是跟男方父母很熟很好，追快兩年。這兩對最大共通點就是，女生要很有本事跟男方家人好，好到男方的父母親直接擺明不接受兒子在外的女友，逼退真女友。

且還讓男方在外的女友認為老往他家跑的那個是正宮，誤以為男方在劈腿。這招會狠到讓男方跳到黃河也洗不清，就這樣把那些花花草草給解決掉了。

妙伶大嬸一樣是女人，不得不佩服用此招的女人，她們的毅力跟風險。

只是女生的目的是達到了，不過婚姻真的就好了嗎？裡面有一對曾有小危機過，男方有心結，他不是那麼愛她，曾埋怨她趕走了他所愛。當然，用此招的女生可以用自己愛他就好來帶過，那就是個人的人生的選擇了。

ღ

喜歡一個人、愛一個人那都是很自然的事，喜歡就不要害怕去表達，只是要有對的方法走到那個人身邊去，拿捏分寸、方式，不

要用肉體去交換交往，那不是愛。

最重要的，主動追愛是要讓男人對妳有感覺而不是感冒。當然，森林是一整片的，這棵樹如果不適合就別吊死一棵樹下。

男人追到女人後

在一段戀愛關係中，有時會出現讓女人一頭霧水的情況發生，感覺明明就是一個喜歡我喜歡到不得了、追我追得很殷勤的男人，怎麼會當女人正感覺熱戀幸福時，卻開始覺得對方好像變怪怪的，甚至變有點冷淡。

如果雙方的關係都確定彼此是情人，這樣的情況還真是會讓女生不知所措，愛情的不確定性、沒安全感會升高。

其實，男女之間的認識是一回事，真的開始交往互動往來又是一回事了，自己要會分辨問題在哪裡。

穩定了

有部分的男人會覺得感情就已經是在穩定的狀態了，就開始有惰性，覺得二個人都熟悉了就沒必要再過多的間接交流了，這時就

會把大部分的心思跟時間放在工作事業上。

曾親眼見到姊妹淘跟男友的line對話，女方長長一整串的文字表達，然後男方回得非常精簡，只用幾個字帶過。

這樣的互動方式跟男人的性格還有事業的忙碌度有關，如果是這型的，女生真的就別太敏感、別猜忌心太多了。

覺得有落差

或許有女生會覺得這是什麼神邏輯啊？追到了喜歡的女生不是應該把她捧在手心上嗎？怎會變冷淡了！

男人大多是很理智的，在交往前對妳的了解很有限，在初期時憑的是好感度的吸引，真正相處後發現，妳並不是他想要長期交往的對象，這時候男人會冷卻的很快，此時不要怪男人無情，他曾經對妳的喜歡那都是真的，成熟的男人內心清楚得很，只是單憑喜歡是無法去支撐一段感情的。

曾見過一位日籍男性友人非常喜歡一位台灣秘書，每回到日本在返台一定帶禮物給這女秘書，從初期的好感建立後到真正的生活相處約會，約半年的時間。

就在一次的餐桌禮儀上，那位日籍友人被台灣秘書的舉動嚇到了，原來她喜歡吃鳳爪，日籍友人看到女秘書吃進鳳爪再吐出骨頭的樣子，覺得無法接受這樣的餐桌禮儀，便毅然決定這段感情得放冷了。

其實，男女雙方交往時如果能用最貼近原始的自己來交朋友，才會自在，每個人看重的點不一樣，能接受的地方就接受，不能接受的也別要求對方去改變。早一點發現落差，絕對是好事喔！

原形畢露型

人有所求而有所為，往往這個所求之人她的生活跟追求者他自己原本的性格、生活樣子差距過大，而追求者自己又早已知道二人差異性卻又高估自己，認為自己可以為對方而改變。

人總是太高估自己的改變能力，殊不知一個人的惰性跟早已形

成的習慣、環境是很難改的。要改變，那是要多大的決心跟毅力，為了這個改變甚至朋友圈得換上一輪。

比如一個夜店酒咖，突然見到一個他生活中所沒見過的文青正妹，覺得一陣清香樸鼻來，這位佳人清新脫俗令人著迷，為了追到正妹奮發向上，想變得文青氣質、書卷氣息。

這樣的改變，很容易在追到文青正妹後，在他的一番朋友撥弄、嘲笑下，當然也是有他早已成型的習性難變，就又回到原本的夜店咖樣，此時的男人很容易擺出我就是這個樣子，要就接受我很難變了，要不然就是妳自己走人了。

當他現出原形時往往都是判若二人的，也是讓很多女生覺得眼前這個人好像不是她以前認識交往的那個人。

愛情投機客

男人追求女人，追求是一種慾望的征服，追求的過程有時夾著包裝、表演的手法。追求的手法越誇張，往往降溫的速度越快，男人跟女人最大的不同，男人交往並不一定代表就是愛，有很大一部分是下半身思考的。

當男人開始對妳忽冷忽熱、熱情大減，甚至有的會說出對妳沒感覺了，妳的感受覺得很受傷害，覺得他變了，其實他沒變。妳現在看到的就是比較貼近他原本的樣子，只是妳不知道而已。

他就是一個愛情投機客，他要的是刺激、追求新鮮好玩，妳要的是穩定。你們要的需求不同，這段關係當然就走不下去了，遇上這樣的愛情投機客，就讓他下車吧。

比如剛追求時當妳是寶貝，每天早晚問安的，妳說什麼都一回事，盡全力滿足妳，溫柔體貼無微不至。當女生陷下時男的卻膩了，嫌女生太煩、太黏人。

其實講到底就是沒新鮮感了，這樣的男人大多沒定性，情史豐富，什麼十二星座女搞不好十二生肖女都搜集一輪了！

動機不健康者

這樣的男人人品很糟糕，是渣系列中的極渣類。

他對女人的追求建立在可使用價值而不是喜歡，知道女方對他有好感，喜歡他，順勢發動攻勢，博得對方歡心後開始要錢要好處，遇上這樣的男人，女人往往會傻傻的以為付出這就是愛。

用付出金錢來換得男方對她的關注與愛，社會新聞中不就常見女人為了所謂的愛過度付出，甚至超出能力去借貸，更不堪者為愛去下海，甚至一起設局仙人跳詐財。

被這種渣中極品男纏到，女人人財兩失，必然是避不了的，就看女人傻的程度決定何時才會清醒。

女人談愛，付出也要有分寸才是最好的保護。

他是劈腿的

男女間的情事，有時女生是不知不覺的成為第三者的，從交往

時的熱情，明明就交往時間沒很久，應該還算熱戀期，卻發現男友從獻殷情到變陰晴不定，有時還會搞間歇性的消失，再出現時解釋消失的原因讓妳開始疑惑。

而他總有很多奇奇怪怪的理由來說服妳，這時，或許第六感已經感覺的出男人的理由很瞎，卻有很多女人為了愛選擇讓自己眼瞎去相信。

這樣的一段關係，感情變的很糾結很茫然，往往搞得大家都很疲累很辛苦，感情是來穩定自己的心靈的。

然而，如果一段感情連最基本的安全感都沒有，午夜夢迴每每面對的是自己內心的矛盾與現實的掙扎，要繼續逃避還是面對戳破它！

一樣身為是女人，有時還真搞不懂這樣的女人，怎麼這樣的勇敢與盲愛，多角化的愛情談信任何其不易與容易？真相跟幸福的距離，當在困局裡時該怎樣走出來，是抱著怎樣的心情、心態呢？

只能說女人呀，就是這麼好哄騙。

曾有這麼一句心靈雞湯很流行的，花若盛開蝴蝶自來，人若精采天必安排。

現在流行雞湯語更進階了，跟著蒼蠅找廁所跟著蜜蜂找花朵，意思就是跟著蒼蠅找摑廁所沾到屎是一身臭，跟著蜜蜂找到花朵，找到了花朵沾了花香也有了花蜜。

用這個比喻跟誰在一起很重要，只是當下真的看不清楚來的是蒼蠅還是蜜蜂，愛情的親密感真的讓人渴望又恐懼的！

劈腿?!到底誰才是前任

現在的社會這麼多元化，男女之間的交往認知，如果雙方都同意多方來往，多項選擇，那就叫重疊式交往或開放式交往。如果是不認同二人以上的交往方式，一方在刻意隱瞞之下進行，那就叫劈腿了。

在感情的世界裡，有時真的很難說，往往還在沉溺幸福的剎那，卻出現了讓你出乎意料的事情。以為是熱戀的穩定交往中，卻來個剪不清的糾纏，震驚之餘，迷惘著自己聽到的是實話還是謊言？

而劈腿的人，那到底是對象不夠好，不夠喜歡，還是騎驢找馬的心態，甚至是貪心的人。

時代在變，人心跟觀念、價值觀真的也一直在變，多元性交往或劈腿已不再僅限男性了，運氣不好的遇上了、遊戲人間的，女性出來玩的甚至比男的還會玩，說謊故事還更會編。妙伶大嬸曾看過三個不同年齡階段的劈腿故事，就從最年輕的開始聊起好了。

女友到底跟他分手沒

才大二的大男生跟女友吵架，吵到分手，而女友迅速又結交同班同學新歡，可是分手期間二人還是有聯絡，甚至還發生性關係，男大生再次跟女友確定談復合，女友也同意復合了。

女方甚至說出她根本不愛她的同班同學、對他沒感覺，是因為吵架她才跑去跟男同學在一起，又因為是同班同學，所以她不能直接提分手，怕男同學報復，給她時間慢慢冷淡疏遠。就這樣拖，男大生苦惱著。

男友跟前女友去旅行

適婚年齡的ＯＬ，和男友交往近兩年，彼此見過雙方家長，有段時間男方間歇性的搞消失讓她起疑心。

直到她在男友上廁所時看到女方傳line來，是前女友傳的，男友在她的追問下才吞吞吐吐說出是前女友媽媽有事要找他幫忙，前女友媽媽以前又對他很好，所以他才去幫的。

就這樣的理由直到男友去南韓旅遊沒邀請她一起去，卻在前女友臉書看到她的男友。

我女兒又沒嫁你，她本來就可以選更好的

想要結婚的四十歲大叔，朋友介紹認識小他九歲的亮麗小姐，大叔被深深被吸引，想著女生應該也是適婚年齡，就積極地展開追求。出手很大方，以為跟她全家混得很熟，過年時去跟女方家爸爸酒酣耳熱，甚至一起出國旅行，打著年尾要提親結婚的打算，結果卻發現女方口中以前已分手的男友根本沒分手。

被逮到後，女方爸爸甚至說出：「我女兒又還沒嫁妳，她是單身本來就可以選更好的。」

劈腿者跟他的家人觀點

在以往的觀念裡會覺得見過家長代表是一種安全、穩定的關係了。但是，如果同時有二個以上的交往對象，對方的家長甚至是家人會是共犯的結構。全家一起演，甚至會在背後評比哪個人對他們家比較好比較有利。

而不知情的那一方就處於被蒙在鼓裡，這樣的一個家庭人品價值觀，他們是屬於比較自私的，覺得傷害利用別人沒什麼。那妳跟他祖宗十八代熟也沒用，他們就是屬於比較自私的那方。

也在這幾則故事所描訴的內容印證了一個在劈腿的人最常說的一貫說詞，會對二邊說的故事。我對他早就沒感覺了、早分手了、我愛的是你。要不然就是擺出委屈的姿態，說都是對方纏著我、要我幫他的忙。

而被劈腿的這一方，就傻傻地等對方去處理，處理好。其實，劈腿的那方根本不會有要處理的想法，除非到了抉擇關頭，要不然他是不會割捨的。

因為，他是既得利益者，他要從二方各拿好處，你們的班表他都排好了，他為什麼要去處理？

ღ

這幾則故事的主角，因為都是被劈腿的，所以都會感到震驚、憤怒。其實，劈腿的過程都是從欺騙到欺負。欺騙就是一開始會隱瞞，怕知道後就不跟他在一起了，欺負就是不怕妳知道了，要你接受。

面對已經被劈腿的這段關係，要不要去繼續，可能要先想想自己，妳要跟這樣的人品的人在一起嗎？對於重疊式男女交往，妳自己的情緒會一直被影響嗎？然後，自己處於變成被選擇的那方……你要嗎？

當然，妳也可以重新選擇，選擇更好、更健康的關係，來讓自己心靈更穩定。要不要這段關係選擇權在於自己。

多角關係

一段關係因為投入了感情、投入了成本，大多數的人總希望能保持不變，關係就算是生變也是希望往自己所預期的方向變。

或許是為愛的付出、或許是彼此相處習慣了，這些因素支持著這段關係的穩定。然而充滿著誘惑的外界，一方把持不住的人就容易被誘惑所吸引，一方卻是在還搞不清楚究竟是怎一回事時，生活就分崩離析了。

現代人交通便利，交友容易，現實生活環境不斷的有新緣分加入，網路世界更是充滿各式各樣的交友管道，接觸更多平常接觸不到的緣分。當新的緣分給平淡的生活加入了新的元素時，過多的參與也就讓穩定的關係起了變化了。

前些時間的桃色新聞，香港知名藝人和他們共同友人的外遇四角戀鬧得沸沸揚揚。或許大家會撻伐著道德感低弱的人才會去有劈腿外遇的行為，除了道德外還有著什麼會引發多角戀，男人女人，只要談感情都是有可能會遇到的。

不知情的一方

這樣的情況不少見，用常常見來形容更為恰當，男人女人都有機會扮演著是不知情的那方，當你們從一般朋友漸漸熟識到發展感情，有心要隱瞞的那方總是有辦法能欺瞞過去，隨著交往時間的相處越多，不知情的那方一定是投入越多，期待這段感情要收割有收穫，往他要的那個目地前進。

會被拆穿，除了是隱瞞的那一方原本的伴侶發現外，有不少是隱瞞的戲演不下去了，被戳破連篇的謊言。當然，沒有人會在感情被騙時還能正向去思考，不知情的總是會受傷的。

多角戀的目的

人會在對外尋求更多的發展，大多有一定的慾望不被滿足，有時是性慾、情慾、物慾，出軌的那一方希望能透過這樣的關係來滿足自己的慾望。

這年代敢於解放自己的身體追求生理慾望的女人不再少數了，對於追求滿足的男女而言，不會把道德感放那麼重，對於追求性的滿足就像肚子餓要吃飯、要吃飽，菜色要變。

性對於他們而言是一種生理現象，是一種好玩的遊戲，賀爾蒙亂飛的情況下只要有對上頻的，不討厭就好，如果可以因為宣洩慾望又可以帶來其他附屬的好處，那就更好了。

情慾，在兩性關係裡有些人在固定的關係待久了，有時會怠惰懶的再經營，有時會在關係平淡下產生膩了。人性的貪婪，就算是再美的風景，在一成不變的情況下，人心、人性的考驗就來了。

美好的人事物總是吸引人，有時就是那麼簡單的一個眼神導引到出現火花開始有了交集，也許只是一杯簡單的咖啡，情愫就開始了。

在兩性出軌關係裡，情慾的流動是最危險的一種，那代表著不只是性慾的問題而已，情感上產生了變動，關注的對象已經是往第三人去了。

出軌的這一方覺得這段關係跟他更能心靈相通，外遇的這個角色甚至會動搖到原本伴侶的地位，講白話一點，就是覺得外遇對象是更好更喜歡、更適合的人，準備移情別戀的機會很大了。

物慾，社會在變、世代在走，兩性觀念也得跟著更新了，這年頭靠著利用多角戀而取得物質經濟利益的已經不再只是女人了，有不少女人的能力是出色於男人的。能力比較不足者，藉由透過同時並進的戀愛關係得到物慾、經濟的滿足，這樣的情況已經是男女都會使用的方法了。

性格使然

有些人的個性屬於比較冰冷不容易喜歡上人，相對的也會有部分人的個性就是比較容易喜歡上別人，容易被不同的人吸引而把持不住自己，控制不住情感，容易暈船，哪怕他是早有對象的人了，就容易出現見一個愛一個的情況，沒定性。

曾請教過好友圈中的花系列男教主和女教主，為何在已經有伴侶的情況下還會跟異性交往？

他們雖然花心不斷，對於兩性間愛情有所區分的，喜歡跟愛是不一樣的，有時只是瞬間的感覺就跟著走，有種活在當下的概念，只要沒被另一半逮到就過著忠於自己的感覺，享受再次戀愛的那種激情，從不一樣的人身上，得到不一樣的快樂。

花系列女教主曾同時交往三個對象過，交往時間當然有先來後到的差別，投入的感情她倒也是分出層次。

哪個是愛哪個只是喜歡，享受著三個男人帶給她不同的快樂，這三個男人各有吸引她的地方，要她放棄其中兩個，除非是發生被逮到的狀況。

我曾好奇的問過他有沒想過被逮到的後果，得到的答案很接近：大不了都不要啊！重新來過，反正一場遊戲一場夢。

多角戀真的快樂嗎？

多角戀就是貪心的人才會去想要更多，不安於現況，想要從不同人的身上得到不一樣的，自己的慾望建立在不同的對象上來滿足自己，快樂是有，大多在當下，當他們追逐慾望實現時，隨之而來的是被逮穿幫的壓力。

只因為感情、愛人都是有獨佔性的，都曾有佔有慾的情況發生，每每到了大節日，大概就是壓力最大的時候了。尤其到了情人節這種日子，總是叫多情種分身乏術，也是最容易穿幫被活逮的日子。

女人倒是還好，等著收禮，只要時間安排能叉開大多還能安全過關，如果是男人，禮物得讓錢包失血，對於體力更是大挑戰，時間無法分配好只能想辦法逃之夭夭。大嬸的男性好友花系列男教主，每到大節日總用工作來做合理的遁逃。

多角戀的主角真的快樂嗎？只能說看當事人怎去權衡快樂了。

當你是被迫捲入而不是挑起三角關係的人時，你無法去防備這一場突如其來的感情災難，你沒法準備怎去面對，就只能這樣看著突然降臨在生活上的巨變，唯一能做的就是管理好自己，只能去控制自己的情緒。

無法控制的就別操心了，想也沒用，更不需要去向任何人證明你的價值。感情並不是自己一廂情願付出就有，如果對方心不在你身上還持續付出，那就是自己找受虐了。

當感情的世界出現了三角關係，三個人要一起走在同一條道上那一定是擁擠的，感情這種事沒法用個道理來判斷交代，剪不斷理還亂的牽扯不清，失控難以收拾的三角關係，最容易讓人情緒不穩。

如果他是個濫情無數的人，就想想這是你要愛的人嗎？

這是你要過的生活嗎？

感情的風暴，風會停雨會止，風暴總有盡頭的時候，深深呼吸，給自己做決定。

釋懷與懲罰很難抉擇，就看你要的什麼？

追求的是什麼？如果以後的人生還想要有這個人的參與，那麼原諒、釋懷就是一個過程。

如果要舉例子給想挺過風暴的人心理建設，東西方最成功挺過的就是以前英國某女子天團的成員之一，在她以踢足球出名的先生爆出外遇醜聞時她選擇原諒，因為她知道自己還深愛著他。

足球先生也有心要回歸家庭的情況之下，他們一起攜手挺過那段難熬的日子，因為愛造成的傷害，也唯有用更多的愛才能修復的好。

當然你也是可以再想想，這個人是給你幸福的還是把你拉進複雜的生活。除了決定繼續關係外，你也是可以選擇決定斷乾淨！

愛情投機客，戀愛如股市

感情的世界真的很微妙，有時是一見鍾情，彼此都煞到了、有情愫的感覺、環境的氛圍，愛情就像龍捲風一樣來了。

有時覺得是不可能的配對，就如不可能會有交集的乖乖女會被壞男人打動芳心，感情就發生了。

有時真的是單身太久了，想要求穩定的對象，對象感覺喜歡就投入太多卻沒相處多一點，就開始一段戀情。

更有發生在低潮期，心靈想要有個依靠、想要有個慰藉溫暖，此時有個小小的關心就有可能促起火花。

原來，情感的開始在於感覺有了，就開始進行了。那隨著時間，隨著賀爾蒙分泌遞減，感覺還在嗎？那還是隨著感覺走嗎？

愛情投機客，速食感情

大家想想吃速食是怎樣的情況？大部分的家長都不太願意讓小孩常吃速食，原因是什麼？因為，速食食品雖美味，卻不健康，高熱量低營養。那速食感情呢？

男人濃烈的追求會造成激情，超出能力的付出可是會造成愛衰竭的。男人追求女人，有時追求是一種慾望的征服，追求的過程有時夾著包裝，表演的手法，追求的手法越誇張的，往往降溫的速度也是會越快的。

畢竟，人都是要生活的，一直激情是會累死的。

而男人跟女人最大的不同，有部分的男人跟女人交往並不一定代表就是有愛。有部分是下半身思考的，也有部分是交往後覺得不適合，有落差、熱情退了、膩了，就想分手了，更不好的男人是有目的性。

然而，花了時間、心力把女人追到了，到手了就說沒感覺了！這樣的男人性格比較傾向炒短線，目的到了，無法好好去經營一段穩定的關係。

這個時候男生容易對女生態度忽冷忽熱，熱情大減，女生會感覺他變了。其實他沒變，女生現在看到的是比較貼近他原本的樣子，只是女生不知道而已！一般而言，半年的時間都還算熱戀期，但，往往這樣的感情，濃烈卻短命，很難超過半年。

速食愛情很容易在熱戀期就會冷了，男方就會開始用很多理由、藉口來拉開距離，冷淡對方，到最後甚至還會搞消失。

女方呢？

被男友以往殷勤追求時養成的習慣被放冷了，變成女方追著男生，忍不住的一直在傳訊息給對方，換來的是男方冷淡的回應跟自己的不知所措、難過。

更可憐的女生還會問對方感情是哪出問題了？一直在檢討自己錯在哪？失愛的女人，容易犯起失心瘋開始死纏爛打，這樣只會讓男人消失更快。

女生錯在哪？

錯在運氣不好，遇上獵食型的男人，追求刺激、新鮮感。對於

愛情，他只想投機不想投資。人與人之間，在金錢物質遇上詐欺有法律可討，而感情遇上詐欺，被騙了卻無處討。

當愛情遇上了詐欺型的投機客，女人把錯愛當真愛時，唯一能做的就是讓他下車。

過客不是正緣

他只是你人生的過客，這種情況是女生、男生都有可能會遇上、發生的。有當朋友的緣分，卻沒有當家人的緣分。

感情無關年齡，一份感情要繼續往下一階段前進，除了人品要考量外，更在於彼此個性、成熟度、環境種種因素。

有些男人雖然事業成功，在感情處理上卻很幼稚，就跟小學生一樣的可愛，把事業那套思維放到感情上，那當然是撞到二方都受傷。

有些女人不是公主卻是公主病嚴重，說著別低頭，低頭王冠會掉，都忘了摸摸自己的頭哪有頂著王冠，哪來的王冠可掉，這樣的個性可是會讓人退避三舍，逃之夭夭。

有時看著是金童玉女，看他們如此的登對，感覺是這麼一對理想的璧人，沒有所謂的外遇、劈腿，走著走著卻是無法再攜手同行，分道揚鑣了。

青春組的友人中，自澳洲留學回國的高富帥E君，回到台灣後碰上了白富美的N小姐，帥哥配美女，兩個高顏值的組合，兩個門第相當的家庭。

戀愛些時間後，E君自己的事業也漸站穩，此時，二人更各自拿出錢合夥開餐廳，由N小姐經營。兩個人的生活交集越來越多，彼此家庭對這兩個人都很滿意，甚至連E君的老闆、公司同事都跟白富美N小姐熟識，高富帥的E君和白富美的N小姐，彼此的父母都認定是未來的女婿、媳婦了，都認為就是順理成章要成為彼此家庭一份子了。

直到過年尾牙宴，E君的老闆喝了些酒後對著N小姐說：過完年我一定叫著E君去跟妳父母提親，白富美的N小姐聽了喜在眉梢，害羞的笑了笑。

這句話卻驚醒了高富帥的E君，原來時間真快，戀愛了這些年，N小姐到了所謂要結婚生育的年齡了，可是，E君還沒準備踏入婚姻組織家庭。

一整個年假E君思考著這個問題，他喜歡她，和她相處很自在，可是他真的還不想結婚。

休完年假了，E君約了N小姐長談，在E君眼前他深愛的這個女人哭成淚人。然而，理智線告訴這時候他不能再溫柔以待，不能抱她、哄她。

他們和平分手了，跌破大家眼鏡，二方父母也不能理解、諒解。一年後再得知訊息，N小姐嫁人了，她說我可以把喜餅分享給共同朋友，但請原諒我無法給你們喜帖。

青春組的友人S君，這個小孩我看著他長大，從他高中時期和初戀女友二個人開始交往，大學時一個在台北一個在中部，大學畢業了，男生當兵女生開始就業，男生又出國一年留學去。

空間並沒有給這對戀人造成問題，遠距離的戀愛他們的信任、安全感基礎依舊強人。可是，他們有個問題，S君曾多次要求女友改進。

S君的家庭是大家庭，家族親戚眾多、而且感情很好，常往來。S君的女友每次到他家中都直接躲進房裡，不太會出來跟家人相處，遇到事情就開始公主病上身，S君每次要女友改進，女友總是改三分鐘熱度的，最後都不了了之。

最後是S君的母親看不下去，跟S君說：S君女友年齡快不小了，你不跟她結婚就要跟她分手，你不可以這樣拖住她。

S君跟我說：我跟她很多年的感情了，可是她一直融不進我家，我也想跟她結婚，可是她好像無法去承擔家庭責任，與其婚後身分變了，她卻忘了她不是單身是媳婦讓我為難，雖然我很捨不得卻還是得跟她分手。

沒錯，他們真的分手了，她是他快十年的初戀。最後S君也結婚了，對象是父親友人介紹交往的。

有人說女人談起戀愛智商減半，女人容易為愛走天崖！這個小姑娘W小姐算是少數談戀愛還有理智線的。W小姐和男友Lin在大學是同學，從大三開始交往，畢業後就業二人感情繼續，並沒有因為進入社會而變質。

可是Ｌｉｎ是外國人。畢業後Ｌｉｎ拿到工作簽證留在台灣工作，Ｗ小姐也曾跟Ｌｉｎ回馬來西亞多次，和他的家人相處、出遊。就在Ｌｉｎ在台工作第二年，Ｌｉｎ的父親催著他回馬來西亞，眼見拖延無效之下，他希望Ｗ小姐跟他回國。

當然，Ｌｉｎ給Ｗ小姐許了好多生活的承諾，然而外國人工作就業是不容易的。終究，Ｗ小姐選擇留在台灣，在台灣她的職業機會發展才會大。雖然有情傷，她用工作來填滿不讓自己有時間多回憶，既然做了選擇就往前走了。

大齡組的友人Ｒ小姐，她經歷了一段不愉快的婚姻帶著女兒，單親生活。她的工作得各國參展，在展場認識了追求者Ｂ先生，二個人年齡有少許的差距，可是Ｂ先生沒結過婚沒小孩。

短暫的來往後，Ｒ小姐拒絕了Ｂ先生，原因不是Ｂ先生不好，畢竟Ｒ小姐她已經經歷過婚姻了，知道婚姻的本質不是只有你喜歡我、我喜歡你，然後我們一起打拼就好。

走過婚姻有小孩的Ｒ小姐內心清楚自己不會再生育了，而Ｂ先生沒有小孩，她認為B先生應該找個能幫他生兒育女的女人組成家庭而不是跟她。

雖然人都有私心，她卻不願卡住B先生，並鼓勵B先生追求更好更適合他的女人。這麼多年了過去，這二個人都還是大齡組的單身，他們成了一輩子的好朋友了！

感情像股市市場一樣，當市場方向多空易位，代表高點已到，無論是停利還是停損，要跟著方向趨勢走。如果糾纏不清，短時間或許有小甜蜜點，也就是小反彈，終究是改變不了愛人心意已變的事實。

感情並不是生活交集多就離不開，當一段感情不同調無法走同步時，那就只是你的過客，不是正緣。

有些緣分、有些人，當朋友的緣分是有了，卻沒有當家人的緣分。

外遇：男人篇

男人和婚姻外的女性發生超出友誼的關係叫外遇、出軌。因為社俗的觀點，以往的女性當了第三者大多還低調，知道傳統的道德感不敢挑戰正宮、名分。

現代隨著經濟的進步、社會的開放，越來越多的小三扶正故事，讓身分為小三的女性越來越勵志。

而男人呢？

對於外遇，真的就是婚姻的不幸所造就，還是婚姻久了，感情食之無味棄之可惜的雞肋，不甘於平淡生活。更有可能是自己的性格問題，不願意承擔婚姻所帶來的責任，只想享婚姻中的好處。

不可依靠型

這樣的男人只活在感覺裡，談戀愛男女之間還有一定的距離

來保持美感，進入了婚姻什麼都是現實在過，責任與壓力無法去承受，更別說用可笑的用愛來發電了。

曾經有位較年長的男性友人M君，在年少時曾有位愛慕的女性朋友，而那女性青梅竹馬的父母拿了這M君的生辰去給相士看，得到了M君是個不可依靠終生的男人，而選擇將女兒另嫁他人。

M君當然覺得委屈，一位相士的話斷幸福，可是往後的人生，M君的婚姻真的就如那相士的話一樣，他不是個可依靠的男人，在進入婚姻後竟然以沒感覺了開始逃避回家。選擇外調就是為了逃避婚姻的責任，哪怕是跟元配生了兩個小孩，小孩還年幼，回家是蜻蜓點水式的。

到晚年才離婚，中間當然也是紅粉知己不斷，對於每一個女人皆用感覺在相處，已過花甲之年了還是如此一輩子不願承擔責任，這樣用擺爛式處理的男人到現在還是常見。

郊遊放煙火型

最容易發生在工作需要常外派或到處跑透透、業務、老闆級等，這樣的性格很會社交、好相處，很懂得跟各類型的女性製造氛圍，甚至不怕女生知道他是已婚的身分，這樣的性格比較遊戲人間，把外遇當作是洩壓找好玩的方式之一。

對於婚姻所要求的忠誠問題實現難度很高，大概得等到老、病、殘了、玩不動了才會有忠誠於家庭，這類型的外遇，他的對象大多也是不固定，很懂得掌握節奏，搞放冷消失，搞好安全問題，萬一遇上纏、煩的女人，他是會隨時結束外遇關係。

男性友人Ｂ君曾聊過，家裡的老婆是老婆，外面的女朋友就是女朋友，是不一樣的，家一定要回去。

我曾很好奇的問；那你怎不離婚單身就好呀？

Ｂ君反問：我為什麼要離婚？我對家庭的照顧責任都有啊！我什麼時候讓我的太太小孩挨餓煩惱過？

至於外面的女朋友她要跟我在一起，我們在一起要快樂，如果她不願意現在的狀況開始要求一些有的沒的，要破壞遊戲規則，那就是不好相處的人，那就別在一起那麼累。

良家男型

既然是良家男那就是大家口中所謂的好男人呀，這麼有家庭責任又怎會外遇呢？

這樣的男人一旦外遇很容易一發不可收拾，在各方壓力下就算人回頭了，心很容易還野在外頭。這樣的狀況最易發生在早婚、原本的生活圈比較小的男人身上，因為早婚會讓他生活實際接觸的女性往來較受限，生活圈小會接觸的女性大概也就是那些了。如果他的生活突然去接觸到原本生活範圍外的環境，比如社團、進修上課。

這個時候會帶進以前所沒有的人、事、物體驗，新的變化新的刺激跟吸引，開始發現外面好玩的樂趣，覺得家裡的太太很無趣，每天只會柴米油鹽小孩的轉，甚至開始把太太拿來比較，覺得外面

人生開始有活力要去找不一樣的。

這類型的外遇妙伶大嬸看過幾個，一個是工廠老闆C君，他的太太還曾很自豪說過C君跟她二十年的婚姻裡是乖男人，不要說外遇連一次偷吃也不會發生。

就在說完此話的隔年，在夫婦一起參加的社團認識了外遇對象，為了要跟外遇對象多約會時間，C君還非常上進的假日去外地念書進修，這樣就可以光明正大在外的過夜不用回家。

時間久了小三要求越來越多，最後主動出擊去公開，所造成的風暴讓一個家庭差點翻了，在各方壓力下C君雖然回歸家庭卻對太太開始挑剔，嫌她，他開始懂得外面的好玩。

立志型

原來外遇還可立志啊！外遇就外遇還找這個可笑沒說服力的理由。當然外遇行為在法律跟道德上都不是被允許跟祝福的，不過當筆著跟當事人之一聊完時就改觀了，能去理解這樣的心理狀態。

台灣人大多數對小孩的教養，從家長到老師大多希望是乖小孩、聽話的學生，或許有少部分的家長能去接受小孩衝擊傳統的教育、支持小孩，那就比較讓小孩的選擇空間大些。

絕大部分的家長跟老師都還是一樣的，而這類型的男人就是從小受控、聽話、太乖、沒叛逆過的行為，甚至連選結婚對象也是父母要的喜歡的，受制於父母要求的條件對象。

直到自己有能力了，從內心的叛逆開始到真的行為去做叛逆了。這位立志型的Ｄ君說起他的志願就是要金屋藏嬌，要有自己的主導權，而他現在做到了。

他說，他的太太沒有不好的地方，幫他生了兩個小孩也好，但以往的生活都是被要求的去做什麼而不是他為自己做什麼！現在這個小三是他為他自己做的，小三也知道不會扶正，但是他該給的保障都有，太太也鬧過了，他就是不要跟小三斷。

有名無實型

沒辦法去把婚姻關係從法律上處理掉，往往是一方的不甘心、不放手。

有時會聽到的理由是因為小孩或複雜的財產、贍養費問題。這時候的婚姻大多處於已是相敬如冰的狀態，夫婦雙方就算同處同一空間，那空氣幾乎是降至冰點、比冷凍庫還冷。

這樣的外遇情況，雖然最常見於中熟齡的婚姻。在現代卻也在結婚沒幾年的夫婦身上看見了。

無法去解決婚姻法律問題得到自由身，也想要開始自己的人生，就會開始有不讓配偶知道、參與的生活圈。

在社會上也有這樣新聞出現，金融圈的新聞某金控的元配夫人遠走他鄉養病多年，傳說中的小三生下期待中的女娃，離婚談了許久但真實生活中的夫人，大家都早就知道不是原來那位了。

女強男弱型

這大多發生在女生事業較強而男人事業比較弱，造成女人強勢習慣了，而男人自己無法去平衡內心對外尋求出口。

這樣的男生他的需求、自信很容易在家受不到肯定，就如沒收入的家庭主婦受到先生的不尊重、自我價值感低弱。這樣的外遇型態所找的外遇對象，在世俗所謂的條件就不是那麼重要了，甚至會出現讓眾人跌破眼鏡的女嬸級對象，用意在找回自己的尊嚴、自信、被肯定。

ღ

無論是哪種型態的外遇，選擇走進婚姻已經不是憑有沒有感覺，而是守候與付出了。妙伶大嬸問過幾對不同年齡層、不同婚齡的男姓友人，他們對於婚姻經營的情況，有關火花跟外遇的問題。

原本想著是不是會因為年齡跟婚齡而有所不同，結果得到的答案很接近。

沒外遇的那些男性友人大多說出：婚都已經結了，娶了這個女人，除非女方做出不可原諒的事，要不再怎磨合怎吵，男人就是要扛家庭責任。

男人在外奔波一定會再遇到形形色色的誘惑，當瞬間有感覺時，男人自己得趕快去把火滅了才不會燒起來。男人跟任何一個女人到最後其實都一樣，就是過生活而已。

而女人呢？

別再被「想抓住男人的心，就得先抓住男人的胃」這句話給騙了。

妳看過哪個男人外遇是因為小三飯煮的好吃？

外遇：女人篇

以往的社會，在傳統的價值觀思維裡，女性介入別人的婚姻會受到很大的譴責，猶如過街老鼠人人喊打，無法和她的伴侶生活在陽光下。

然而，現代很多的小三會登堂挑釁元配正宮的地位，道德在功利現實下似乎已不再是人們的底線了。男人有小三已不足為奇了，女人有小王插足婚姻似乎也常見了。

現代女性隨著受過好的教育，社會的變遷工作機會多了，生存技能也提高了，不再像傳統那樣的依附男性，當女人經濟獨立了，當然也不再像以往的會為了一口飯的生存去吞忍，委曲求全。

寂寞型

雖然職業婦女也是有可能發生寂寞型外遇，但此類型的外遇最常見在全職的家庭主婦，在婚姻關係中久了一切皆平淡，隨著孩子大了，先生上班去了，時間變多了。

也因為在婚姻中平淡了夫妻彼此的關注也少了熱情，也會有著因婆家造成的婚姻問題讓自己感到孤單沒戰友慢慢心灰意冷，跟先生幾乎快沒交流了，不被理解的寂寞，得不到先生的愛與關注。

現代科技很容易把以往已是平行線的緣分又重新有交集，現代科技也很容易讓人有新的緣分交集。

這時如果一個小小的溫暖，就有可能再讓她找回自己的價值、信心，只因為太寂寞。

慾望型

這類型的外遇不建立在夫妻關係的冷淡產生的寂寞，有很大的可能還存在著先生根本是傳統型的好好先生，木訥、比較沒情趣、不會玩、所謂的很不懂不足點。

伴侶關係在男方這方還不知道有問題，還認為二人不是還好好的嗎？

男方的不足處如是肉體上的，追求肉體慾望的女人可是也會去尋找自己在床上的朋友。如果女方的經濟條件還不錯，甚至會給予床上的朋友金錢援助的，顛覆傳統裡男人給予小三金錢。

如果是性格上不安於室的大多屬愛玩樂，家庭觀念差不願意去負擔家庭責任，道德感更低。愛玩追求刺激，外遇的對象大多也常換新鮮追求感覺。

人生伴侶配對真的很奇妙，這類型的外遇女人往往她的配偶是世俗所謂的好男人，對另一半一往情深，面對伴侶外遇甚至會為對方找理由找台階下。

而這類型的女人為了自己的慾望滿足，就如劈腿成性的男人一樣，貪婪、很會說謊，練就一番說謊說到白天見鬼的功力，擺低姿態讓枕邊人心軟原諒，可別以為只有女人會為了孩子而不離婚的，也是有男人發現太太外遇為了小孩選擇一再原諒就希望妻子收心能回歸家庭。

另一種慾望型外遇則是建立在金錢，出現了經濟更有實力的對

象，這類型的女人外遇也不少見，如果他的外遇對象夠真誠不是只是玩玩的，是會拿出金錢換得她的自由身的。

慾望型的外遇，如果離婚，女人大多不會要小孩的，選擇不要讓小孩絆住自己。

一時失足型

就是被拐的啦。

這個外遇對象，有可能發生在網路的虛擬世界裡，也有可能是真實生活環境出現的人。這樣的女生大多單純甚至早婚，先生保護得很好，原本的交友範圍小也單純。

如是在真實的生活圈有新的變化出現新朋友或網路上來的朋友，這類型外遇遇上的對象大多很會製造情境氛圍，也就是很會撩妹，讓單純的女生沒防備的陷進去。

如之前鬧出新聞的部落客夫妻不就是遇上了只是撩好玩的外遇對象，而女生卻認真了要離婚跟外遇私奔，最後還是外遇對象不玩

了說自己是已婚的身分，這種外遇發現事情真相後，良心譴責會比較明顯。

報復型

報復型外遇也就是配偶曾經外遇過，而她心有不甘的也去外遇，這種外遇心態有時很恐怖，會故意找上配偶朋友圈的男人搞外遇，或也是有配偶的男人外遇。

這樣的外遇完全就是建立在在女人的心理不平衡，而她或許還會故意隱隱約約讓她的先生知道有人在喜歡她甚至是追求她、送禮物之類的。

這類型的外遇也算是在婚姻中找回失去的自我價值跟自信，畢竟她曾在婚姻中被打擊否定過。

妙伶大嬸真實看過幾例這類型的外遇，婚姻走到這樣真的是彼此折磨了，配偶間因外遇產生的報復，你傷害過我，我也反擊給你。

曾外遇的男人也深知砸了一個鍋再重起一個爐灶的難跟成本，

大多選擇努力去修補婚姻裂痕。

我很記得其中一對男性友人說過：人都會犯錯，每個人都喜歡別人對我們好、獻殷勤，人回來就好，其他的過程別講了，我也做錯過、不夠好，她也原諒過我。

各自精采型

這種外遇大多建立在中熟齡的婚姻了，在婚姻裡的責任大多該盡的已盡了，小孩夠大了，且有一定的經濟基礎了，才能夠不再為五斗米去折腰奔波，開始品味人生，追求自我。

這樣的外遇關係，外界或許很不能理解，但當事人雙方卻彼此清楚的很彼此的定位，外遇關係的定位。

不離婚卻讓彼此有其他親密關係交友的自由，甚至也都知道彼此外面的那位朋友，所謂的紅粉知己或親密的那位朋友。這樣的外遇關係大多也會金援外遇對象。

這種的外遇不會離婚不會吵架了，有一定的共識。

妙伶大嬸真的也見過這樣的夫妻，剛開始也覺得好怪又奇妙，覺得世界無奇不有，後來倒是覺得他們夫妻成熟的去處理彼此的需求，互相不干涉了。

責任已了去追求自己的人生，他們對於所謂的婚姻關係有他們獨特的看法，而他們的小孩也都知情。

ღ

面對配偶外遇，男人的反應有一大部分的是無法去面對事實，當男人希望婚姻關係存續時的反應舉動其實就跟女人面對配偶外遇一樣。

他們也會驚慌失措、震怒、到配偶公司尋求幫助要太太回歸家庭，也有更不敢面對的，認為自己不夠好太太才會外遇，就如部分女人面對先生外遇，她的親友指責一定是你不夠溫柔。

就女人而言，時代在變遷，女性主義抬頭，人生走什麼路自己選，現代女性獨立自主下比較不會在像傳統阿信似的委屈沒底線的妥協。現代女性在不如意的關係中為自己生命找出口，而傳統的價

值觀開始被挑戰。

人生的選擇越來越沒所謂的真理、對或錯，只有因果。起了什麼因就得承受什麼果報，各人造業各人擔，各人因果各人了！

而男人呢？

雖說沒有完美的人，面對配偶的外遇，還想要存續婚姻關係，要改變的一定是彼此都要變才能繼續同行。不管是不是雙薪家庭，男人不經營家庭視妻子如無物，那等於是給她再生的機會，離開這個冰窖找溫暖去。

時代在變，舊觀念家庭邏輯在被挑戰，男人如還活在傳統舊思維裡，不搞定自己原生家庭的老媽甚至親戚問題，擺個爺樣卻沒男人肩膀，那就沒有誰一定得誰才能活了。

交往前發現有情敵

在有情天地的茫茫人海裡浮浮沉沉，無論是男人追求女人的情況，還是現代妹子勇敢追愛主動出擊的，走出舊有的侷限展開新環境出去換換頻率也許能遇到對頻的，也許是佳人也許是良人，每個人心裡想的都是要靠譜的。

在正式交往前總會來一段彼此試探的曖昧期，曖昧期的時間長短沒有一個定論，有人會選擇先筆友式的往來，有人會先以共同興趣或社團造成的交集往來。

這樣的往來或稱曖昧建立在對方也是善意的出發點，對方有回應、有關注、有互動，才能繼續做下步的試探，看狀態是否適合交往或我們只是朋友就好的狀況。

當解讀到的空氣訊號是彼此都很有好感，交往燈號亮著綠燈，這時候就算是筆友未謀面的也會更加勤於聯絡，有共同興趣者更會製造碰面的機會。無論哪種形式的往來，隨著來往的越密集，越能

清楚知道對方的部分隱私、生活作息。

看似二人要進一步交往了，卻開始發現有些地方、有些感覺怪怪的，感覺眼前跟你在曖昧的這個人有些不尋常習慣性消失或刻意隱匿的訊息。

這不尋常習慣性消失或刻意隱匿的訊息在掩蓋著什麼？輕一點的，多方人選來往或他早已有正宮，最嚴重的是這個對象根本是早已有婚姻的。交往前就發現有情敵了，這種情況男人、女人都有可能會遇到。

撒魚網式

撒漁網式的交友型態也叫亂槍打鳥式交友型態。各位試著想想漁夫捕魚用魚網是怎樣的情況？也就是一張網撒出後在拉回時再看網內有什麼魚種，並非針對特定魚種去用捕魚法，只捕特定的魚。

當男人或女人用此種方法在尋找交往對象時，往往透露著內心很空，不知道自己要什麼？適合尋找哪樣的對象？只好一張網撒出去，每個都去試試看，看哪個的反應如何？有怎樣的反應？這種情況很容易多條線同時進行，也就是同時曖昧約會多人。

當然，在初期認識不深時，本來就應該多認識朋友，讓自己的視野擴大，此時心態很重要，如果只是一般朋友的往來要有明確的底線，如果是很密集的往來了甚至是開始有隱私的部分了，還在用撒網式的交友很容易出現分身乏術，搞週期性或間歇式的消失，嚴重的還會出現跟A講過的話忘了，卻對到B身上。

現在交友，畢竟不再像以前那樣封閉，現代人逛網路的時間多過逛馬路，網路交友太方便了，各種通訊軟體或交友軟體提供了很多的管道。

當你發現你曖昧的對象同時曖昧多人時，很有可能他也還沒準備好跟單一對象交往，還不知道如何去選擇，更有可能是他還沒那個勇氣去開始一段新的感情，只敢在空中曖昧不敢進一步追求交往。

這也透露著此人內心沒安全感、沒自信，甚至還有點自卑。當然，也有另一個因素是性格所致，這樣的人格特質傾向來者不拒，花心使然不容易有定性，不安於室、愛玩。

抹黑式

這種情況大多二人進行到有一定的默契了，友人以上戀人未達，一方發現一方怪異之處，搞不好還發現了正曖昧的對象疑似有正牌的女友或男友。

當你提出疑問，問有關疑似正牌的身分時，此時受疑的那一方為保持跟你能繼續互動，輕則簡單的輕描淡寫帶過你的問題、疑惑，重的容易會開始抹黑，抹黑那位疑似是正牌的女友或男友。

女性最常抹黑用的就是他是我的親人，表哥表弟、小時候的朋友，甩不清一直糾纏我的前男友，幫過我忙的恩人，往往講著講著就越發苦情，唱起苦情苦肉計，擺低姿態，讓人心生憐憫。

男人的抹黑就真的很抹黑了，而且常會抹黑到很瞎。

抹黑手法大多會把正牌貶低到很不堪，我跟我的姊妹淘們聽過的抹黑，她是我的前女友，我對她早就沒感覺了，跟她早就分手了，趕都趕不走，我的家人生病她是我家請的看護護士，她常來我家是因為她是我姊妹的朋友！她那麼醜、那胖，生活水平那麼低，

怎會是我的菜！千奇百怪的抹黑。

還有更瞎的，當正牌女方感到有危機，開始到處曝光關係、宣示主權的舉動，卻被男方說成別理她，她有憂鬱症，這年頭有神經病的瘋子很多。

發現，絕對是一件好事

交往前就發現有情敵怎會是好事？人生路上會遇到的朋友，性別男男女女，年齡有正青春的還是大齡組的。不管哪一個層次的朋友，同性的朋友還是異性友人，很多時候為了能保持友誼，有些人會稍微包裝一下自己，這是無可厚非的，每個人都會希望自己有個好形象，當個好人受大家歡迎。

而當你在挑選或接受其中的友人跟你發展成更親近的關係時，如閨蜜或更親近的有肌膚親密關係的友人時，發現你對這人原本所不知道的那一面，或稱多認識了解他的真實面，絕對有利於以後要不要繼續跟這個人保有友誼，或是要跨出友誼更親近、拉開空間保

持安全距離。

當你在正式交往前發現有異樣，好像有情敵？

對方如果是撒網式的交友，唯一能做的也只能是慢慢去釐清自己所處的狀況，是自己太投入嗎？因為此時的你身分角色未明，無法去多關注要求對方不要做什麼？

就算很有好感，很喜歡對方，此時的你還什麼都不是，過分的關注就容易變越界了，對對方的期待值就會高了，當一段關係開始有所求時，講出的語言往往不是感受快樂、舒適的而是會造成壓力的來源。

如果，對方出現抹黑貶低的一個特定對象的談話時，更可以去觀察到這個人的人格特質。往往在抹黑別人的時候也是在抹黑自己，當一個人用抹黑的方式來抬高自己，這個人處理事情的方法是不是就容易也是這樣抹黑式的處理，那他是個真誠的人？還是個謊話連篇的人？

在我的男、女性朋友中所遇到的情況，就K小姐的例子最該寫出來給讀者參考。K小姐透過友人的介紹認識了C先生，在介紹人大力敲邊鼓下K小姐留了line給C先生，二人開始有互動，剛開始有一搭沒一搭的，聊個幾天後，C先生每天下班後或上班中總花了近兩到三小時在跟K小姐聯絡，送她禮物、獻殷勤的。

C先生看似是很理想的對象，他有事業、有愛心認養孤兒、喜歡動物、喜歡小孩、對感情家庭渴望穩定，是個基督教徒。

隨著交流越密集，時間越長，K小姐越發現C先生有時怪異，問介紹人有關C先生，介紹人說：絕對不可能，C先生單身啊，沒人見過他有女友。

然而，K小姐觀察出C先生每到假日的怪異而起了疑心，更細心去看他分享在line上面的照片。就在此時竟有女人在網路到處散發訊息，說自己是C先生正宮女友。

K小姐發現後問了C先生，C先生當然是極力地否認，還抹黑那散發消息的女人是瘋子。當然還有其他更貶低的話語。為了取信於K小姐，C先生甚至傳了他的身分證給她看，證明自己是單身的。

對於C先生證明的舉動，K小姐對於C先生的怪異處並未全部消弭，她還是觀察著他，最終被她發現C先生其實是有個跟他假日同居的女友。

K小姐選擇迅速拉開距離，她對我說：她覺得C先生的人品很恐怖，有個假日同居的女友不承認就算了，還一直貶低抹黑跟他同居的女友，在她面前講這些話，那在那女人面前不知道又講那些鬼話了。

男生在跟女生交往前就發現有情敵，這個女生有其他追求者，這其實是一個很好的資訊提供，可以從這些情敵身上看到這個女生更多面。

比如追求者中有夜店咖的，那這女生是不是也是有泡夜店的習慣，追求者中的工作事業是否跟女主角很近，那這個女生的生活圈大概就可以畫出來了，是哪類型的女生、怎樣的生活素質、是哪種層次的女人，適合再深入交往嗎？

ღ

當然，交往前就發現有情敵，最終的選擇還是取決於你自己要什麼？如果實在是好感度太強了，太喜歡了深深被吸引，你選擇要繼續裝傻來保有互動、保有友誼，繼續交往，那也是你的選擇。

如果，你是理智線強過於情感的人，選擇保持安全距離來關注這段關係，知道這友誼該放哪個層次，友誼進度喊卡，其實也是一個很好的選項。

有男友的女生要怎麼追

大概大部分道德感高的人看到這句是在破壞別人的感情，或女生已經有對象就別那麼白目了，換個對象吧。

要去追有男友的女生，這無法鼓勵也無法譴責，感情的事，看當事者怎去表達？緣分的事，當事人怎去處理？

既然是怎追這個女生，那就代表你跟女主角所處的狀況，其實是男方單方面的欣賞、喜歡或暗戀，女方那邊的態度還不明朗，搞不好還連最基本的好感度都還沒有。

追之前，先摸清楚情敵

想要追求的女生有男友，先別想怎追這個問題，得先弄清楚對方男友的背景、實力到哪？無論有多喜歡一個女人都要知道，自己的人身安全最重要。

男人畢竟是雄性動物比較有侵略性跟攻擊性，在知道有人在打他的女友主意時，就算這個男人已經不怎愛這個女人了，還是會有回防甚至攻擊的行為。除非另一種情況是，剛好這男人對這女人快煩死了、膩了甩不掉的情況下，出現有個來接盤的人，當然會趕快拱手讓你。

當你要去追求有男友的女人時，別想說低調追求就能不被對方察覺，補情敵所缺的就能有機會。女人這種動物有時簡單有時複雜麻煩，有新的追求者時，除非她本身就是劈腿高手，要不有人對她釋出溫暖、關心，她感受後又有所回應時很容易就會對原本的伴侶減少關注、分心了。

次數多了，她原本的男友一定會有所察覺，起防衛心是不是有人要盜營了？你做白工的機率就很大了。

兩性之間因為追求所造成的爭風吃醋，時常上社會版新聞，沒上新聞私下抹掉和解的更多。想要追求有男友的女人，更要慎防追求不成反惹禍，比如殺身之禍或被設局仙人跳！

不要以為只有小夥子血氣正盛的年輕人才會有為女性爭風吃醋

的行為，扯上感情，人就容易有情緒、不理智，就算原本是文質彬彬的男人也有可能會出現被激怒、搶奪主權而出現的衝動行為，如果情敵又有黑道背景，那吃不完兜著走的機率又更大了。

雖然是有些久遠的舊聞了，多年前曾上社會版震驚新竹科學園區的疑似情敵情殺事件，主角一女二男，二方都是不同上市公司的科技人，卻因為追求引來凶殺案，造成一方死亡，一方入監。

同事親友都無法想像，一個理工書生原本前途大好的人，工作高EQ的人，因為撞見女友有其他的追求者而失去理性，失去控制，殺了對方也毀了自己。

第二個例子，這個就更令人稱奇了，大齡朋友薑還是老的辣嗎？請君入甕，男女主角三方加起來超過一百五十歲。

有些人說追有男友的女人就是補她的男朋友不足處就能見縫插針，扳回劣勢轉優勢？要讓她對你有感覺。是，要開始一段感情當然是要有感覺呀！

只不過，這個感覺到底是誰給誰的？

一件鬧上警局沒上社會版新聞的桃色糾紛，借用派出所進行和解，期間員警看到一方動手打一方的頭，被打的那方還下跪，此時員警出聲喝止：你們如果不是要談和解別在我們這裡。而這個和解除了被打、下跪還付出了一百萬。

新的追求著以為自己的機會很大，帶著女方到處遊山玩水，玩了兩個多月，臉書曬恩愛，哪知道女方突然變臉，搞冷回應，一開始還以為是女生擺姿態端著，哪知道隨之而來的是警察通知有人告他，而且是有備而來的告。

後來才得知那女人的男友目前雖經商卻是混過黑道，有著國家認證的流氓證書，無所不用其極的到處想撈錢。原來，所謂戀愛的感覺是藏鏡人男友在背後下指導棋，就等這位追求者上鉤，該有的證據錄音等都做足，被害者不想吃官司影響工作影響前途就乖乖掏錢消災！

女人，是用追的嗎？

就如同男人的本質還是男人，所以一個女人的本質不在於她有

沒有男友，而是這個女人的性格、價值觀、生活素養、工作型態、興趣、朋友圈。

先把觀點簡單化會比較容易釐清，當你們初認識同性朋友時，這個認識過程有可能是因為工作業務往來，那這個關係建立在工作上的交集，還談不上是朋友可是會往來，有利益關係，是這個關係的需求點。

當你因為嗜好認識的同性朋友，那這個交集建立在你們有共同喜歡的東西、興趣，除了工作之外會往來，更有可能會因興趣的交集增加而生活圈開始有互動，會開始增加往來是因為興趣相同外，不討厭這個人也是重點，那這個關係的建立是需求點也是吸引點。

那對於喜歡的女性友人呢？

拉近距離

當然，第一步就是找出二人的交集點，贏得她的關注為此階段的重點，先當成朋友在拉近距離，不是急著要她喜歡你。常常有男性友人說：女人麻煩，女人心海底針。

這是個事實，而這個事實在於男生想知道女生在想什麼？用猜的猜不到，所以麻煩，其實不要猜，人跟人是相處來的不是用猜來的。

不要讓她討厭你

在拉近距離後，在好感度的建立前，這階段的重點是不要讓女生對你產生排拒心。

更白話的講，就是不要讓女生討厭你。不要讓女生討厭聽起來很像很簡單，其實那是一件不容易的事，有時候男性為了在女生面前展示自以為是幽默的一面，講了一些實在是很白目又不好笑的笑話，為了展示自己的能力，過分膨風讓女生很反感。

在我的幾位碰軟釘子的男姓友人經驗中，他們往往都不知道自己怎死的，怎出局的。弄到連朋友幫忙約一票人出來，有些時候女生是禮貌出席，但席間冷淡以對，有的是直接婉轉拒絕邀約。

一定有說了什麼或做了什麼，讓女生反感甚至討厭你這個人，才會讓女生是單身的狀態，連一般朋友的邀約在聽到其他出席名單後不太想出門。

別踩雷

男人追求心儀的對象時，往往會想急著知道她喜歡什麼？想投其所好，贏的芳心。然而，女人這種生物有時說起很簡單，有時又很複雜，喜歡的東西是會變的，會因環境或她的姊妹淘影響而有所改變，不過，可以確定的是討厭的東西是很難改變的。

在你急於知道她喜歡什麼？不如先去摸清楚她不喜歡什麼？討厭什麼？最忌諱什麼？

先了解這些會對你減分的，別去踩雷。

往往一段關係會破滅，同性之間的友誼或異性友誼甚至是愛情，大多是失敗在踩了地雷區，說了不好的話做了犯怒的事，友情深厚的還可以修補，往往最脆弱的是愛情，在踩了雷區後不被原諒就是直接判出局了。

建立好感吸引她

不被討厭後，再來就是建立好感度了。好感度內含誘惑，可催情或加速情感前進。

當男女間的好感漸增，會聊的話題，分享的生活範圍會更廣，這時的互動會更頻繁，佔據彼此的時間、心思會越多。好笑的、傷心地、流行性的，沒話也都能擠出話來聊天，聽聽對方的想法。

有了好感度時那你是她的菜的機率更大了，才能更進一步的追求、吸引她，這階段很重要，是讓女生決定是否你居上風還是原男友。

盜營與風險

要去追有男友的女生就是要盜營，別想用打耐力戰感動她，盜營速度如果慢，一下子就會見光死，情敵回防會很快。我曾聽男性友人聊起，追有男友的女生方法就是要補她原男友的不足，我問那友人那你有成功嗎？

想當然爾是失敗的，這大概是可愛的男人天真浪漫的男人邏輯思考。補原男友的不足那也只是補，而且是閒暇時的候補，要追有男友的女生要一定的人格魅力才能電到女方短時間就能轉換心意。

ღ

雖然感情無法講先來後到的問題，要去追有男友的女生，得到這種感情的困難度已經比一般還高了，這樣的追求還伴隨著安全風險，要去行動之前可能多思考，要不惹上麻煩都是自找的。

如果盜營成功了，是不是又想著，究竟是自己更適合這女主角，還是這女人就是沒定性的問題？當然如果你的目的只是滿足征服女人慾望，那這個問題是連想都不用想就行動了。

以結婚為前提的交往

談戀愛、談戀愛，當人們墜入愛河時身體會產生多種化學物質，可以帶來莫名其妙的舒適感和幸福。一系列感覺舒適的荷爾蒙和神經傳導物質造就了容易沉迷在戀愛氣氛中，俗話說就是暈船啦！當然，這也會帶來糟糕的判斷力，愛到瘋狂、愛丟卡慘系。

當愛情來時，我們的大腦處理理性的那部分功能往往會進入睡眠模式甚至是休假去了。此時身體的防禦功能機制請假去了，如果情感的發展不如預期的順利，也就讓我們變脆弱變更容易受傷了。

為了怕來者不真不誠，所遇非人的傷害，無論年齡的階層，大齡的或青春正盛的，常常聽到我們是以結婚為前提的交往。

交朋友談戀愛就是有識人不清的風險，而生命累積的經驗值又為防止戀愛時盲目、不確定性所帶來挫折、傷害，要求著一段關係的安全、穩定。

以結婚為前提的交往，是給沒安全感的那方確保自己不會被感情生變，乍看之下會是很有誠意的交往，其實這是一句強大的行銷話術，要安的是誰的心？是要保障著什麼？更重要的是這句話有用嗎？

自我催眠術，造就閃婚、閃離

或許是年齡的關係，覺得年紀漸長優勢越來越少所帶來的不安全感。一旦有認識新朋友的機會，就告訴自己一定要好好抓牢。或許是對方的高顏值還是經濟等其他因素，太被對方吸引了。在認識對方時，彼此的關係僅建立於初見的好感，離真正的瞭解還很有距離。

在交往的初期就說；我現在的狀態很適合結婚生小孩，目前的人生規劃就是要結婚，如果你也有這個人生規劃的話，我們就交往，有小孩就生、結婚。

如果對方也說：好啊！我也是這樣想的。結果就交往，一切都發生的很快，懷孕了似乎順理成章的就結婚了。這過程，雖然雙方認知是一樣的，因為一切都進展很快，從交往懷孕到真的進入婚姻才數個月，一下子身分就轉換到帶著小孩的年輕夫妻。

等於結婚後就開始步入當媽媽、當爸爸的生活，生活步調變化產生了適應的問題，更有可能的是還有經濟問題或一方有不良惡習。

有了小孩，生活不再輕鬆，不再是二人世界你儂我儂的，生活可以隨意隨興，肩上開始擔著養育的責任與壓力。新手父母難免會過度去照顧小孩造成忽略對方的需求，少了談心，如果又因為帶小孩而邋遢了，一切美感盡失的情況下加上帶孩子的疲倦，也有可能會肌膚之親也沒有。

二人的關係變成彼此的適應不良，讓原本基礎薄弱的婚姻變得開始產生了抱怨與不滿。生活的相處開始有不高興的情緒，覺得對方怎都不體諒我的辛苦，爭吵、冷戰取代了相處的溝通，當彼此內心的疙瘩累積到了足以一次壓垮也就閃離了！

閃婚、閃離，年輕的女孩如果又多了一個小孩的照顧，那對方如果不是經濟穩定者，能否付小孩的養育費用，蠟燭多頭燒的狀況下，那真的會是很辛苦。

就妙伶大嬸的朋友圈中，看到閃婚閃離的並不是只有年輕沒婚姻經驗的人。也看到了幾位男性、女性友人，都已經過一次的婚姻了，在熟齡的階段，或許是年齡帶來的自卑、沒安全感，怕自己會孤老一生，無法自己一個人急於有人陪伴或其他的支持。

當一有對象了，就在沒很認識了解對方的背景生活，一段感情的成熟度還需加強的情況下又貿然閃婚了，直到婚姻生活的習慣、壓力等無法契合就又短命婚姻的閃離。

以結婚為前提，居心不良的美夢話術

對於想結婚的女性而言，這句話有如夢幻的吸引力，有個真誠的好對象，希望這次遇到的男人跟以往分手的不一樣，他是我的真命天子。

對於想收心結婚不再只談戀愛的男人而言，這句話讓他有安定感，不用一直在追求，幫別人養老婆，所愛的天邊那顆星追求到了，築夢踏實真的只屬於他的。渣男、渣女就是逮著這樣的弱點，這個老梗老套路一直用著，大餅美夢只不過打在這樣的心態上，餅畫一畫，夢編一編。

曾看到社會新聞男方四十歲女方三十五歲，雙方表示以結婚為前提的交往，乍聽下是雙方有達到共同的認知，關係為男女朋友身分交往後以組成家庭往結婚的目標前進，結果就在女方懷孕後男方說出我還沒準備好，要求女方到婦產科做人工流產手術。

更有著社會新聞，同居中的男友在女友懷孕後一直無異狀的生活，直到月份到大，女方催了急了，男方索性直接搞消失或一句我覺得我們不適合就要分手，留下不知所措的女方自己待產成了未婚媽媽。

這是渣男利用女生的期待值，在騙感情，騙上床的對象。更高段更恐怖的是連錢都騙，一張巧嘴告訴女生要投資要擴大生意的，要求女方借貸甚至資助，有些女人為了留住男人搞到自己被挖空一屁股債的，一段感情被算計到精光，人財兩失。

妙伶大嬸更聽聞過，女方沒錢為了留住所謂有地位的男友，為了他的生意周轉去設局仙人跳，就換來男方說事成後，我就公開我們的關係。一個男人如真的有愛這個女人，怎會捨得讓她去做這樣的事。

可別以為只有女人會被渣男騙，這年頭會騙的渣女可也是詐婚詐財想結婚的熟男。渣女行騙手法也跟渣男行騙手法相近，一樣的套路把戲，了無新意。唯一不同的是，受渣女行騙的男性，因為生理構造不同，男性不會因此受孕成了未婚單親。

ꕥ

男人真的愛一個女人，是會默默的關心、注視、付出保護跟照顧。反觀，只出一張嘴的是離真誠很有距離的。如果你是男人也想結婚，不如多多有所作為讓女生知道你的真心誠意，讓她知道你是個可靠的良人。

女人如真的愛一個男人，是會不捨得他太勞累，希望他健康。總之，人生路很長，別太緊張也別太急的要達到社俗的目標，一個環節踩錯了，自己的人生造化也會跟著變的。

在感情的世界裡，要會愛人也要會保護自己，永遠保持單身心態，對於愛情依賴不依附。男女之間的交往如果是真的有愛情，是會感受到彼此的愛意，就算遇到了困難也會努力去排解，二個人是自然而然就會攜手往組成家庭的方向走。

以愛為名，交往？騙炮？

現在敢解放自己身體的女性不在少數，一夜情、約炮、床友這些新名詞建立在男女方雙方認知都一樣的情況下，除了身體外，彼此像是認識卻又不是真的熟悉。二方都清楚並沒有在交往關係，沒有愛也不談情，更沒有所謂的誰得對誰負責任問題。

然而有些男生雷達偵測錯誤，找上玩不起的女生，約會幾次後讓女生以為是在交往談戀愛，要跟他發展感情，開始暈頭轉向的暈船，迷上他，跟他來真的了。

或許，有些男性友人會不滿的發出抗議，我不是出來玩的，為何要把一干子的人打成一塊，為什麼交往後分手，你們總有女人說自己被騙了。

上帝創造了兩種不一樣的動物，女人是心理系動物，男人是生理系動物，大多數的女人是注重心理感受有沒有愛的問題，大部分的男人著重是肉體、慾望征服的滿足感。

狡猾的男人

自私又耍小聰明的人，這樣的男人根本不願意付出，懶得去經營一段感情關係，只想有個露水姻緣卻又很會引導情境讓女生陷進去，一旦女人的沮喪、孤獨感被察覺到就被他逮到機會了。

這樣的男人知道這時期的女人要人安慰要人哄，他很會讓女人感受溫暖。

有很一大部分的女人因為挫敗造成的低潮期時，只是不想自己一個人，要人陪伴。而挫敗造成的原因有時不僅是情傷，有部分來自生活或工作，此時處理不好自己的情緒，如果又沒有鐵打的姊妹淘支持情感，很容易就讓自己進入了寄託性的交往關係。

狡猾男人的把戲之一，哄女人，在女人被他哄得團團轉開始對他著迷、有期待值，開始對他好，在有了肌膚之親後，男人會開始用很多藉口少見面，這個女人就這樣被他擺著了，女人還在傻傻的狀況外，直到真的找不到人了。

我以前曾住過的一個社區，幾乎是科學園區的宿舍，鄰居大多來自園區的科技人也大部分都成家有小孩了。

只有少數幾位是單身，鄰居大多出自好意會想幫單身的找適合交往的對象，唯有一位A先生實在是沒人敢介紹，還怕社區因他出事。

一般人對理工科技男的印象都是工作關著，生活兩點一線，單純、不會精采到哪。我以前那個鄰居A先生，大家初次看到他帶女孩子回家過夜，都以為是他女朋友，以為好事要近了，準備包紅包吃喜酒了，這時有個已有家庭的男鄰居B先生私下問A先生：電梯那個女生，你的女朋友啊？

A先生回：不是。

爾後我們常看A先生帶不同女生回家過夜，終於有一位的臉孔讓我們這些鄰居多看到幾次了，B先生又私下問A先生：這個應該是你的女朋友了吧？

A先生回答：還不是。

已經成家的B先生私下說了一段話：這個A先生玩這麼大，哪天別被女人追殺到社區來。各位可愛的姑娘們有沒看到重點？A先生的回答：不是，還不是。當男人跟妳約會一些時間後，甚至還帶妳回家過夜，妳以為妳是他的女友了，可是他的認知：不是。

妳以為就此幸福生活開始憧憬未來，卻被狠狠的打了一拳，妳不是他的女友而妳還不自知。在一夜風流或多夜風流後，狡猾的男人開始的是腳滑、撤退。

抓太緊的女人

愛會產生彼此依賴、支持，這在心靈上是一份很強大的安定作用，也是世間男女追求愛情的因素之一，想要擁有一份健康的感情來讓自己的人生更好。

相對的，愛也會產生掌控、佔有慾、期待值，這也是因愛而生的慾望，也是往後的壓力。兩性關係如果處理得當，彼此都能得到滿足感、被需求感、自我價值的建立。

然而，因愛而生的慾望太多、太過了，很容易變成過強的佔有慾、控制慾。

一段感情中，往往越是佔有慾強的那一方，越是想控制，越會讓對方跑越快，因為沒有人會喜歡處在壓力下生活，這樣的相處一定是都不自在的，好像在坐監牢的。

D先生跟R小姐原本是同事的關係，也有男朋友，在R小姐離職了，跟原男友分手後變成跟D先生交往了。

或許是一開始熱戀期建立的聯絡習慣，黏涕涕的訊息交流，女生也喜歡這樣的交流方式，重心全在新男友身上，就在二人更進一步發展更確定彼此的關係後，D先生覺得感情穩定了，減少了交流分享時間，重心轉到事業上去了，就這樣的落差讓R小姐開始不安，怕對方變心了，更開始緊迫盯人式的想要掌控D先生的生活。

有時D先生只是開了會，一晌午的時間，R小姐竟可以不重要訊息連翻傳，甚至規定他得在時間內回訊息。工作的壓力，上班時間要應付的很多，R小姐弄到D先生覺得惹到瘋子，溝通無效下怕極了R小姐開始疏遠。

D先生此舉卻讓R小姐覺得是在玩她、騙她上床、沒愛過她，完全不知道自己過強的控制慾，讓人壓力大到會很想逃。

感情在一段關係開始後，女人有感受愛的成分，卻為何還有女人會認為自己被騙？為何女人會認為被騙，就是有部分男人會刻意隱瞞不利自己的訊息，達到他要追求的女人跟他交往在一起的目的。

比如他早已知道自己的興趣、嗜好剛好是女人的地雷卻刻意隱瞞著、美化著，有不良惡習比如愛賭嗜喝，這就讓女人無法原諒，或他的身分、能力是過分膨脹的，明明就是經濟還很需要努力的過生活卻膨風成已經是在品味人生了，或是他隱瞞有小孩，這就很難讓人包容了。

排除了男人交往前所刻意隱瞞的訊息，男女在關係確定後，女人過強的控制慾影響了關係，就不能再賴到男人騙女人了。

以愛為名，到底是交往還是騙炮？

只能奉勸玩心重的男人，情債別亂欠，不要以為誰可以玩弄

誰，只要對方心有不甘產生報復心，根本不用知道你住哪，照樣可以追殺你。

前些時間出現了好幾起基層員警感情桃花糾紛，不就是女生不甘心被玩弄展開的行動。投訴警政署負心漢始亂終棄，提告性侵就算提告不成，也跟你玉石俱焚了，聯絡媒體、網路靠北就會有正義鄉民追殺、肉搜，你逃都別想逃。

也只能提醒女生，對愛情要有警覺性，少用耳朵體會愛情，多用心去感受愛情。真的運氣不好遇上騙子了，唯有趕快調整自己的心態才能改變自己的行為，別再癡傻望著他回頭，管他有沒愛過妳，都不重要了，過客就別看重了。

或許心意是個人感受問題，一個有心的男人不會只要妳參與他的性生活，更期待的是妳就是他的明天，有未來有憧憬。

在我的男性朋友圈中，從十七歲的青春熱血之愛，到八十五歲的心靈黃昏之戀，他們的不同只有年齡的差異，他們共同點是一份健康感情不是只有肌膚之親，只有床伴關係，會上床也會把心給妳，會大方讓全生活圈知道他喜歡妳，是穩定的交往的關係。

同居好嗎

戀愛中的男女，愛得正濃時的濃情蜜意，想起任何有關於他的都是美好的。

這個時候的激情，相依相偎，黏涕涕的，巴不得兩個人可以時時刻刻像個連體嬰似的都黏在一起，早上起床可以第一眼就看到最愛，幻想著一起上超市買菜做著愛的晚餐，一邊吃著一邊聊天、喝喝小酒，你照顧著我，我依偎著你。

於是就有想法出現，想找個房子一起住，或搬來我家跟我一起住吧！而同居到底好不好，男女雙方真的都要仔細想一想，別被激情昏了頭，要想清楚彼此是用什麼心態去建立經營這段同居關係。

一方覺得磨合不了的，一方不願意搬走

我有位年輕的友人，二十七歲的L君和女友交往快兩年，住在

一起快一年，現在住的房子是L君父母提供的，不用付房租費用。

前些時間L君抱怨越來越受不了女友了，對這個女友越來越沒感覺了。L君抱怨著，和女友一起養了兩隻毛小孩，一隻貓一隻狗。自己每天工時長，每回到家看到女友沒幫毛小孩處理貓砂、沒溜狗就很火大，看到一堆家事沒做就更火了。

跟女友溝通要求她要處理毛小孩，女朋友跟他裝傻，就是不弄。叫女友要幫忙家事，結果女友很敷衍的做做樣子。一連串的磨擦沒處理好與疙瘩一直放心哩，L君說他開口要女友搬出去，可是，女友拒絕，說她沒地方住不願意搬。

問我該怎辦？唉！該怎辦喔？我也只能提醒他，前些時間男女朋友同居的社會新聞，女方住到男方家中，相處不好、爭吵，男方要求女方搬走，女方一開始的不願意搬，到男方強硬的請來警察，結果，女方轉個身說上去收拾行李，卻是當著警察面前在臥室上吊。

感情，二個人在你濃我濃時，什麼都是好的。當二個人感情不再好了，而同居的方式是一方住進家裡，不是在外租屋的，在處理分手要求對方搬走真的要很小心。太強硬的引來玉石俱焚的恐怖情人甚至會要你一起死，或以死相逼的。

不了解歷史的同居

雖然每個人都會有過去，然而有些過去還是要多了解一點，再來思考一起生活同居會比較好。

我的這位男性友人，他的感情生活真的與眾不同，一般而言，坎坷用在形容女人感情遇人不淑。

而我的這位朋友B君，他的感情還真不是普通的坎坷。一位事業有成的熟年大叔，怎老遇上怪怪的女人。失婚的B君交上臉友，雖是多年臉友，畢竟也只是臉書來往，臉友時間雖久可認識了解真的很有限，二個人就交往了。

B君看對方C小姐是個單親媽媽帶個小女兒生活辛苦，心生憐憫，在交往三個月餘便跟C小姐說搬來跟我住吧！我可以照顧妳們母女，C小姐便帶著小孩一起住進他家了。

看似應該幸福離他越來越近了，朋友們都很替他高興，哪知道隨著時間，這個C小姐行為越來越不對勁的地方顯現出來，一開始B君以為她只是前段婚姻的傷害還沒好，帶著她看醫生。

隨著脫序行為越多，讓B君驚覺不太只是憂鬱情緒問題，原來這C小姐有精神疾病。就在一次嚴重的發病，B君報警強制送醫，才結速這段驚魂的同居關係。

目標不一致的同居

講起這對友人，男女雙方H君K小姐我都熟識，二個都是我的好朋友，想起他們的感情結束，也只能遺憾說他們有緣無份。

交往三年，一起生活同居二年，看似應該準新人要挑時間了，朋友們準備要紅包包出去了。

其實，他們共同生活一年後就分開過了，看著他們第一次的和好，朋友們都說是真愛要經得起分開後再和好。想起K小姐當時跟我說她再給H君一年的時間，再給他一次機會。看著他們第三年再次的分手是一樣的問題，身為朋友都不敢再幫忙。

我曾問過H君為何不結婚？H君的回答：二個人這樣不是好好的嗎？二個人在一起相處和睦，快樂就好，結婚就會扯上家裡長輩，二邊的習俗傳統就會開始有爭吵。

可是，在這次的分手大概話說絕了，男方H君一個月後後悔了要和好，也想要結婚了。女方K小姐卻已鐵了心了，不再回頭了，以後的人生規劃不再有他了。

女人有先天的生理結構問題，生育年齡有受限，而男人的生育時間就不受年齡限制。除非女方也是不婚不生的人，要不一定都會遇上生育年齡的問題。

消弭不安全感後，炸彈要來了

常聽愛情長跑大多結局不好，這對K先生跟D小姐就是打破愛情長跑的魔咒有好結果的。

談起這對，他們的同居關係建立在深厚的情感，彼此都深思成熟，知道同居的用意是什麼。大學時期就開始交往，曾經很短暫的分手數月後馬上又和好，從此感情更深，更離不開彼此。

隨著大學畢業，男生當兵、女生就業，男生再踏入社會就業。二個人先展開假日半同居的生活，先還保有各自生活空間，再慢慢磨合後便一起租屋同居生活。感情越來越深了，K先生開始知道成家男人該承擔的責任跟壓力。

他知道以他現有的薪水要成家購屋很難，於是向公司申請派調海外西非，想著領有雙俸，西非工作住公司又沒什麼開銷，可以存到買房錢。

可是，此舉卻引來同居女友深深的不安，因為二個人平常太黏了，一下子變動太大，女生D小姐沒安全感了，在出國前夕二個人又分手，K先生帶著落寞上飛機，他實在不懂她在氣什麼？

我回答：她只是沒安全感，一下子變遠距離異地戀，不確定性太高了，有些女生是會要分手。

果然，男人如有有心，他就會用行動讓女人放心。K先生努力讓女友了解西非的工作、日常生活、同事圈，讓女友安心，問題解決了警報也解除了。

吃米粉，旁人在喊熱

無論時代在怎進步，一定還是有保守的人遵守著傳統。這沒有什麼好跟不好或對跟錯的問題，就是個人的觀念。

我曾看過以前的鄰居，該說他們是熱心過了頭，對鄰居的小孩交友狀況太關心了，看到有女孩住進男方家中，經常背後對女方品頭論足，甚至跟男方的父母下指導棋。

對住進家中的兒子女友態度，台灣的父母大多還是容易會受親戚、鄰居影響。

不物化女性，無關女生身價掉價與否，往往女生跟男生同居的方式有長輩在，她住進的房子是家人共住的，很容易很多事情、很多的付出，會被理所當然化，甚至還會被挑剔的。

我曾現場聽到，男方爸爸的友人玩笑式的嫌住進的女生瘦、沒扮相、沒福相，生的出兒子嗎？從此，這個原本以為會是準公公的人對女方態度開始變，百般挑剔，可想而知的，到最後女生是知難而退。

也看過女方在男方家中住了多年，從懷孕了到生了，女方一直催婚，男方始終以迷糊仗以對。到最後只辦登記，連一個簡單的婚禮都沒有。對方的態度還很強硬說：就這樣了。

我曾私下問過這男性友人，他為何要這樣對她？她幫他生了一個孩子呀！

這男性友人竟說：她自己來跟我住的。喔！原來是這樣啊！所以就男人的觀點而言，女人自己會來的，也不用怎用心了，反正她自己會來，不用對她真的多好，不會跑還會自己來。

或許，每個人決定要同居的心態不同，每個人、每段關係都是獨特的。同居後就是過日子了，沒空間感、美感消失，取而代之的是家事、柴米油鹽醬醋茶。

同居時會發生的問題也是考驗著彼此，怎去處理事情的能力與態度。最重要的是，無論是哪種心態開始的同居生活，一旦同居了，要好聚好散就更要有智慧了。

自卑與抱怨

人生在風裡來雨裡去的，走在黑白無常的人生道上為生活奔忙，或許有時盲目，或許有時有效。

我們在生活上的每個方面，每個思維過程和行為模式，都是經過人生每一段經歷和每一個層面的體驗，是一次又一次的嘗試跟學習，為的就是讓人生更完美。

雖然，人的有些性格是與天俱來的，然而這些歷練也造就了部分的後天形成的性格。

人生不容易，生存上的競爭在高壓下的生活，有時會讓人不堪重負。有些人挺得過，越挫越勇，成就為堅強的人。有些人在前進的人生路上，碰撞嚴重造成傷害，成為障礙。

這樣的障礙造就無法去坦然自己的不足與不完美，同性、一般異性間的相處或許因保有一定的安全距離而能平和相處，戀人間卻因為親近、親密拉近的距離會讓這樣的障礙、負能量消耗了幸福。

自卑造成的障礙

生活環境、成長環境會造成自卑，人生受挫的處理能力也會造成自卑，年齡會隨著歲月的增長也會自卑，外在、外貌的樣子也會形成自卑。

自卑的人容易膨風到吹牛甚至到說謊的程度，自卑的人容易過度放不下自己的面子，這在兩性相處上很容易變成不健康。

各位試著去想想，一段關係就算只是一般的朋友，一方心態上很沒自信，沒自信程度到需要過多的包裝來迎合你，就算你為顧及友誼不戳破的情況下，是不是也常得怕傷及對方的一顆玻璃心而言行謹慎，跟這樣的朋友相處，時間久了彼此一定都會覺得累、覺得疲倦，無法自在，更何況是親近的戀人是不是會時常受到干擾呢？

在前些時間很熱門的知名陸劇的一小段兩性感情劇情描訴的就是自卑造成的相處問題。女主角離婚後遇上的對象，對女主角再多的喜歡也敵不過自己內心的自卑。

他知道女主角前夫的環境能力好，自己比不上，就在一次準備外出跟友人聚餐時的服裝引爆了二人的問題。當時女主角的一段話很對：你覺得我有問題，不管穿什麼、說什麼都會覺得有問題，可能一句話、一雙鞋都會被覺得有問題。

人往往都是這樣，只罣記著自己的不足，卻無法讓自己的不足來驅使自己更成長，變成了自卑，變成了障礙。

在我這個妙伶大嬸的友人圈中，真的還碰上了類似的劇情。女主角A小姐童年舉家遷移搬離鄉下，在現代科技發達下的尋人容易，促成他們的小時候同學會，在同學會上碰上了B先生同學開始一段戀情。

A小姐久居都市，B先生除了短暫的求學曾離鄉外，一直都待鄉下。A小姐的生活環境從沒有B先生這樣的人，她欣賞他的純樸耐苦，很不同於都市男人。而亮麗的A小姐根本讓B先生覺得是夢中情人，他的生活圈也遇不上的。

欣賞、喜歡終究還是敵不過自卑，B先生內心深深的自卑自己久居鄉下，眼界有限、生活環境有待加強，兩個人就一句話引爆了衝突，把二人的問題浮上檯面。

某次的聊天中A小姐說了句：鄉下都這樣嗎。瞬間B先生臉色有變，按住情緒沒當場發卻也埋在心中了。在爾後的一個小爭執中B先生拿出來大吵，就那句話造成二人分手。

這兩個人都是好人，然而這個障礙無法消弭成了二人之間的問題，他們就不適合當彼此的親密朋友。

自卑造成的障礙，有時候別人心中未必是這樣想的，但當事人自己容易想太多。這樣的關係一方要克制壓抑，一方要委曲求全，充滿了壓力的相處，幸福只會越離越遠。

抱怨讓幸福遠離

人世間一切事物的興起與消弭容易引起人的內心情緒起伏，影響著身上能量的變化。人受挫了，心力不足容易造成情緒低弱，產生負面因子帶來負能量，這也是觀看一個人在面對挫折不順利時怎樣處理事情的心態跟能力。

人畢竟是人，有著七情六慾，有情緒難免也會有抱怨，每個人身上都會有負能量的，當這樣的能量出現時會影響自己的心念，行為也就會跟著影響了。

一個愛抱怨的人往往是放大自己，只注意自己的需求，只在乎自己，無法去檢討自己、改革自己的心念，永遠聽到的是他對生活周遭的不滿，無法去包容、協助利益別人，

在一般朋友中如果有這樣子的人，當他的朋友久了除了疲倦還會很想逃，在親密伴侶如果是這樣子的人，除了幫助求醫對外尋求幫助，日子久了真的是一個很大的折磨，很容易身心俱疲。

文章再拉回到知名陸劇這部戲的前半段，女主角除了不事生產外就是一個只會不滿跟抱怨牢騷的女人，抱怨著她的進口名牌鞋不能沾到雨水，家裡的幫佣阿姨又怎樣了，小孩的同學去哪渡假，她也一定得比照辦理，朋友閨蜜好心規勸她換來她傲嬌的態度，直到她先生外遇要離婚，生活出現了這樣的撞擊她才大澈大悟。

這樣的人真的很恐怖，不管跟他是一般友誼、閨蜜還是親密愛人，生活活在被他消耗電力，與無止境的理所當然，消耗著所謂的包容力、內心的正能量。

在我們的生活裡一定都會遇到這樣的人來當我們的朋友，有時我們自己也會因生活的難處，不知不覺中無力去處理情緒、低潮，變成了抱怨滿生活的人。

曾經在臉書朋友圈的日常分享文中看到幾篇貼文，由同一個人、不同時間點發出的文章，大約簡單的擷取這幾篇文章內容來描訴：我明明沒向家人朋友求教，大家卻非常喜歡對我賜教，弄得我很無奈。可以很清楚的感受到所謂的朋友飄移，我真的一點也不介意。接著又在臉書發一堆牢騷後把一些朋友再罵一遍，然後要求著大家得要同理心來回應她。

這幾篇文章的主人C小姐跟我還有位共同的女性友人P小姐，我們曾經有超過十年的友誼，友人圈中在知道了C小姐的狀況，會因為關心投以付出時間甚至物質，為的就是C小姐生活能更順心順利。

直到有天P小姐直接跟我說：她把C小姐的好友關係解除了，她曾經努力要幫她卻換來被她影射謾罵，不想每天臉書一打開就看到負面沖天的怨文再來影響自己。

是啊！曾經多位好朋友想幫忙，也努力幫了。到最後我們發現的是，C小姐愛抱怨發牢騷的，只想討拍拍，只是情緒在發洩並不想真的處理事情，而是一群朋友們太認真的去看了，跟著像陀螺一樣轉久了，大家都累了。

一般保有距離的朋友就如此了，如此覺得這樣的關係會讓大家身心俱疲，那如果是很親近的親密愛人又會是怎樣感受？當耗用太多的電力在處理這些負能量時，會沒電了會無力的呀！那二個人的生活就難以支持，要怎麼走下去？

並不是說人都不可以抱怨，只是當我們每一個人的生命都受到情緒干擾在思考跟行事卻全然不自知時，幸福就遠離了。

ღ

天生萬物，動物界的蛇類用脫皮來讓自己身體生長，人類也一樣，每個人都要有自己的脫皮方式，督促自己成長，因為每個人身上多少都有一些自卑，唯有自己克服自卑才能得到真正的自信，也試著觀察自己，是否常被情緒帶著思考？

追求愛情選擇交往對象，除了對方得是個好人外，兩個人要相處愉快，彼此的自信、心態都要健康。當然，自己不要成為讓關係變成情緒障礙的那個人，也希望不要去遇到這樣的人。

如果真的遇上了這樣的對象，畢竟我們都是凡人啦！沒有超能力，沒有誰可以拯救誰脫離負能量的循環，普渡眾生、超度有緣人，那是神佛在做的，別太假會高估自己了。交朋友多觀察、留點心眼，幸福就近了。

有關渣

世間情，男男女女誰也不知道自己會遇上怎樣的人，如果運氣好碰上了善男信女，那生活好好的安穩的過。

當然，每個人都不想遇上不好的人，引來不好的事，只是人在當下遇上了人、事是很難馬上去察覺不好，因為人都會包裝好形象，總不會有人會老實昭告我是渣男、渣女吧！

而怎樣就叫做渣？渣指數有多高，渣的嚴重程度這就個人定義了！

三心二意

曾有部美國某知名影集內容描素架構為醫院跟醫生，其中男女都是很棒的好醫生。

然而男醫生對女醫生而言其實就是個渣男，二個人一直保有好同事好朋友的關係，男醫生內心知道女醫生對他的好感，就用著這樣的關係吊著，每每當男醫生和其他正在交往的女性、甚至是婚姻關係觸礁走到盡頭時就會去找女醫生。

嘴上說的是女醫生是他最好的朋友最懂他，事實老用半吊子的承諾欺騙女醫生好幾年，最後還娶了別的女人，和不同女人結過二次婚。

在男醫生的第二次婚姻走到盡頭時又飛了半個地球找女醫生，一直給她期待值，給備胎安慰獎！最終女醫生看破，就算是懷了男醫生的小孩也不願意再相信，選擇跟真的對她生活付出誠意的其他人，結束了跟男醫生那糾纏不清的感情。

這樣的男人性格不就是害怕單身，害怕自己一個人。

在真實的人生中，這樣的男人真的還不少，利用著好感度、曖昧吊著女人，甚至更瞎的還會編出他以前情感受過傷害的故事。

在我這個妙伶大嬸的朋友圈中就有著青春組的朋友正在發生的進行事。男主角J先生的母親跟我是朋友，有天她心事沉重的來找我聊天，她的兒子和女友B小姐一起日本留學，環境變化的壓力讓小倆口吵到分手了，她原來一直以為B小姐會是準媳婦的人選。

後來她也想開了，緣分要隨緣，過了一段時間J先生也又認識C小姐，C小姐主動又積極，她很喜歡J先生，常藉故約J先生，J先生也會赴約。

此時，分手的女友B小姐又回頭了，J先生沒拒絕，擺出的態度就是以禮相待，二個人幾乎天天碰面。我雞婆的跟J先生的母親說：處理好喔！別亂給女生期待值，要不一旦有不甘心，可是會出事的。

J先生的母親回答我說：我也這樣跟我兒子講，我兒子回我：我不會主動跟B說複合，當初是她要分手，要和好回到以前的關係，我要她自己講，我都不會給她們承諾。

大不了二個都不要。

各位姑娘有沒看到重點，J先生不會對她們不禮貌，會給期待值，不會給她們承諾。一旦有變化受傷的不會是J先生。

或許沒有拐，有沒有騙就不得而知了，感情上的三心二意，拖住別人的時間來有利自己，表面上不做壞人、不拒絕其實也是渣的一種。

就是吃定你

遇上這樣的渣，女人的敏銳度如果不夠警覺，很難全身而退，待妳發現時大多人財兩失了。這種渣中的極品渣，不只是情感上的金光黨，還詐騙訓練營來的，騙妳的情、枴妳的人、搞光妳的錢。

大家還停留在渣男是懶惰成性、不思進取、沒上進心、沒事業工作的男人嗎？如果是，那得好好更新一下資訊了，現代渣男可是升級了，表現出積極進取、努力衝刺事業、自我管控良好。

善於包裝自己專業形象，用愛心來包裝邪惡的心，讓女生們不知不覺他的壞，還會很母愛氾濫去包容幫助他，覺得他是千里馬缺伯樂，可憐他時運不濟，甚至還覺得他是為人所害以落至淒慘的境地。

常常有社會新聞，多個女生被同一個男人所騙，騙色也騙錢。最常上演的故事劇本是擴大投資需要周轉，往往能演上這樣劇碼的戲都能演整套，會真的讓女生看到一個事業體在運作，需要資金，既然妳是我的女友就該幫我的忙讓我度過難關。

這個時候女人為了表現跟愛人是同心，是個賢妻可以跟他一同吃苦進退的，大多會掏出錢來，沒錢的會去借幫他想辦法，更糟糕的是傻到為愛去下海或遊走法律冒險。

另一套也常演的劇本，懷才不遇，在公司被人排擠，在同業被陷害，我是千里馬缺伯樂。

這個時候，渣男會慫恿女人跟他一起開公司一起工作，會跟女人說：我是有能力的，以後我管工作妳管錢喔，給女生安全感，往往是公司開下去，女人得籌錢還得籌業務，校長兼工友全都要包，渣男管什麼呢？管出一隻嘴，使喚女生做事，管錢怎沒進我的口袋。

極品渣男更高竿的會利用兩個女人以上的競爭，會讓一方以上知道彼此的存在，當然，渣男讓她們知道對方的方式有哄、有拐、有騙，目的就是要讓女人起競爭心，跟對手比較，看哪個女人的付出，這時候女人們開始較勁，渣男等著坐收漁翁之利。

不就常見的社會新聞，兩個以上的女人在警局大打出手，渣男在旁邊冷眼相看。很不幸的，我這個妙伶大嬸的女性友人圈中，真的有人碰上極品渣男，而且還不只一個碰上。

V小姐很活耀的粉領，業務能力很強，主管職了帶的小組人數不少了。朋友們看她遇上的渣男E先生心地之邪惡卻又於法無能為力。V小姐以為他們是熟識多年的好朋友，其實那是E先生佈局設計多年了，就等時機成熟。

E先生跟V小姐友好程度連V小姐過往情史都知道，他們相識時，E先生也有相交多年的女友，就如同前面介紹的渣男表演劇情之一，E先生用二個女人中的一個去競爭關係，一個還傻呼呼狀況外。

E先生慫恿V小姐離開原公司的職位，慫恿她自己開公司，請她當他的伯樂，他可以幫她事業更上一層樓。公司也開了，運作開始，二個人相處更接近了，越走越近的感情變成不只是朋友了，E先生為了穩住V小姐就說：要不，我們登記結婚好了。

婚結了，V小姐發現E先生的前女友根本還在往來，此時她出面警告所謂的前女友，我們已經結婚了，妳別再騷擾我先生了。

這位前女友當時是驚訝又驚嚇，男朋友結婚被分手還不知道，E先生的家人也狀況外根本不知道E先生結婚了。看似是V小姐得勝了，可是經的過時間的考驗嗎？

V小姐跟E先生共事一段時間後發現，E先生根本是個能力有問題的男人，之前在V小姐面前講的天花亂墜的都是假的，故事編劇一流，就是為了這個有能力的女人精心設的局，時間長達數年。這個婚姻關係維持一年就結束，過程中V小姐受盡折磨還被家暴，付出很大代價再換回自由身。

ღ

中國有句成語叫日久見人心，渣系列的男人是很會包裝自己，更懂得怎讓妳怎去看見他的心，日子不夠久，見到的是愛心之下包裝邪惡的心，妳還誤以為是真心。

有些渣男甚至很會把自己不好的過去修飾美化讓女人產生同情心，讓女人開始同情他、資助他，給他溫暖。用裝可憐的過去讓女人發揮天性母愛，陷入愛情漩渦去愛他、幫他。

或許不同的渣有不同的把戲，唯一相同的是，他們都很會說謊，謊話連篇的功力能說到白天見鬼。

渣男是很可惡，但渣有時是女人慣出來的。

一個男人如果真的喜歡妳，不會三心二意，不會跟你計較小細節，更不會沒事找事的讓妳吃醋。而一個人品端正的男人又怎會利用女人陷入彼此競爭的氛圍來得利。

姑娘們如果眼睛睜不大，看不清來者是善還是渣，就用這個方法當最簡單的辨別吧！如果真不幸遇上了，也請當機立斷吧，要不，要錢、要人搞不好還會要命喔！

愛、責任、寂寞，誰更想結婚

籌備一個婚禮需要一些時間，完成一個婚禮需要一天，到戶政單位結婚登記只需要幾小時甚至更短幾分鐘就能夠完成，這一個決定就會改變影響著以後的人生走向。

結婚除了是一種儀式外，法律上的身分變了，也代表著男女雙方願意在愛情上築巢，得對彼此忠誠負責，一起攜手並肩同行往人生的下一階段邁進。

在現代談戀愛走著走著真的就會隨著年齡到了、交往時間久了，就願意一起走進婚姻裡嗎？

戀愛與結婚，男人和女人，到底誰更想結婚？

婚姻是築在愛情上？婚姻是築在責任上？

還是怕孤單太寂寞了就結婚吧？

戀愛與結婚，男人和女人，到底誰不想結婚？

是對象所給的愛情不夠承擔築巢？還是責任是大壓力？

還是走在時代浪尖上的自主獨立？

男人、女人你要結婚嗎？男人、女人你為何不結婚？

愛你，還是愛的感覺

有些男人就是喜歡身邊有女人的感覺，衣裙飄飄巧目倩兮的，對於陪伴在身邊的女人就給了她一個角色名稱叫女朋友。

對於男人而言，比較無法自己一個人的男人對於挑選女朋友的要求得看他當時的狀況，而不是這個女人的條件素質了。

當一個男人狀況不好時，很容易隨便一個女人就好，只要讓他看起來不討厭她，有沒有愛她不重要，有女人陪伴他就好，也就是常見耐不了寂寞的男人或來者不拒型的男人，這樣狀況很常見，只有當事的女人處在以為是愛的局裡狀況外。

當一個男人正處征戰事業期時，此時的他重心在追求事業不在追求女人，對於挑選女朋友的條件很容易受限於環境的侷限，此時如要有女人的的陪伴大多建立在不要太麻煩耗掉他太多心力，對於男人而言這個女朋友以安全不鬧事的為優先考量，或有好感的喜歡，但是離愛還是很有距離。

男女大不同，對於交往的差異，大多數的女人重在感受、感情。大多數的男人重在陪伴、階段性的需求，此時男人對女人或許有感情，就看是怎樣的對象能讓他投入多少了。

男女大不同，對於愛的差異，大多數的女人愛上了一個男人，容易為愛付出自己所有，大多數的男人卻是看他能用多少屬於他的利益投入這段關係，在他的內心定位有多愛這女人或不愛。

時有新聞，非常富有的明星或富商對他們的女朋友金錢非常計較，那怕是也幫他生了孩子的，只能說女人為愛是盲目的，男人是非常理智的，好感、喜歡、愛、女人的階段性是不一樣的。

常常可以看到愛情長跑，有些戀人跑到最後是跟別的對象結婚了，在一起的時間雖然很久，戀人的情分是有了但是夫妻的緣分就沒有了。

演藝圈中最著名的不就是香港天王郭富城和熊黛林的故事，愛情長跑後分手各自嫁娶。其實，對於一般的男人來說，沒有什麼想現在結婚還是不想結婚，那都是藉口。只有想跟妳結婚，和不想跟妳結婚。說穿了就是愛與不愛，到底有多愛，能讓男人有決心踏入婚姻安定生活。

謝謝陪伴

在古早的年代是農業社會，女人有受教育的不多，女人的工作機會也很受限。所以當年齡到了所謂的適婚年齡時，一定就會有說媒幫女人找好婆家，讓女人有個男人可依靠，依附著男人在生活，也就造就了一句丈夫是天，出嫁的女人婆家為大的話。

世代隨著時間在走，社會從農業轉工業、多元化了，女人的受教權有了，教育程度高了，就業機會變多了，女人隨著女權的抬頭也走出封建社會的思維，現代女性的人生觀、世界觀產生了細微的變化，對於婚姻就不一定是人生的規劃或選項了。

戀愛，對於現代女性的思維，進化到我可以跟你有感情，可以愛你，可以花很長的時間在跟你交流，跟你一起體會生命變化，體

會人生的喜怒哀樂，喜歡跟你在一起，我們相處也愉快。

也因為女人經濟獨立不需要再依附男人，所以也會思考著婚姻是必然有需要的選項嗎？結婚後的人生變化是我能承擔或該承擔的嗎？你這個男人的未來性跟原生家庭是值得我規劃進未來嗎？

在我這個妙伶大嬸的女性友人圈中，不太願意或不婚的不少。從出生年次六字頭的到年輕八字頭的都有。

有位女性友人甚至寫下了這麼一段話：我都四十多歲了，人生的歲數走到這裡了還會被催婚還真的是很奇葩。

仔細想想，努力工作經濟獨立不靠你，生活綽綽有餘，反觀你的父母雖客氣，卻打量著我能幫你家分擔什麼？那我跟你結婚有什麼好處？結婚沒好處還得承擔責任壓力，倒不如跟我的姊妹淘們玩樂旅遊去了。

對於這樣的現代女性，經濟獨立，有一份好工作，一些好朋友，會努力工作也會規劃生活，戀愛很快樂，我愛你，但是談到婚姻就只能說謝謝你的曾經陪伴，愛情的力量不夠強大去承擔築巢。

談判愛情

戀愛男女雙方用談的所以叫談戀愛，談判愛情就是利益跟責任的問題，談哪一種情來判愛不愛，愛多少的問題了。

前些時間轟動一時的新聞，某名醫過世財產全分給小孩沒給妻子，那些小孩都是前妻所生，他的現任妻子是國寶級的人物。

當年他們的婚禮盛況空前是世紀婚禮，婚禮之前傳出了小新聞，這位名醫還有其他的女友，約會時還讓國寶等兩個小時，最後選擇跟國寶結婚了，當時很多人解讀為名醫為國寶放棄了另一位明星。

我這個妙伶大嬸當時就約會等兩小時的狀況問了一些男性友人，你會讓你的約會對象等兩個小時嗎？如果會，是為什麼讓她等那麼久？

一開始他們全都回答不可能讓喜歡的對象等那麼久，如果真的讓女生真的等那麼久，大多是男生還有其他的選項，沒那麼喜歡這個，或是在試試看這個女人有多喜歡我，能等多久？會跟這個對象結婚大多是情勢的需要，或家裡的要求選擇這個對象結婚，跟愛不愛、有多愛關係不大。

文章寫到這，大概很多女性會很訝異跟不愛的對象結婚！對於男人而言，婚姻有時是責任，而這個責任不是對那個跟他結婚的女人，是他對家庭父母的責任。

男人是會跟不愛的女人上床生孩子甚至結婚的，一切就是為了娶回去跟父母交代的，這個情也是建立在父母的喜好上，父母喜歡這個女人。

大家一定會認為那這個女人不就很可憐，老公娶她是因為他的父母不是因為愛她。是有可憐的例子，但是很少。

會變成可憐的大多數是完全不知情的女人，比如因為世家、世交造成的婚姻關係，在我這個妙伶大嬸的朋友圈中真的有，結婚後被不知情的太太發現先生原有女朋友，而且婚後還在來往，這個婚姻到最後是離婚收場，兩個世家交情撕破臉。

不可憐的例子還是有好幾例，知道先生會娶她是因為他的父母不是因為愛她的，人多是女生比較愛男生的狀況下，也就是我的那些男性友人說的：在試試看這個女人有多喜歡我，娶回去交代的，跟愛不愛、有多愛關係不大。

女人有時真的是很難理解的動物，連我這個大嬸是女人也不解她們的心理，有部分的女人知道她的婚姻是有夫妻的緣分但是情分很薄，知道先生愛的是別人，拚的就是配偶欄上的名字是我這樣就好。雖然不能理解這樣的心理，也只能說每個人要的不同。

成熟的愛放手是祝福

在我年輕時也很不能理解這種愛，當時覺得會放棄就不是愛了，經過了時間歲月，經過了沉澱跟更豐富的人生閱歷，才能理解到這樣的放手愛情是多麼的不容易與成熟。

時間往回推十年前，Ｋ先生三十多歲了，在經過了自己的努力打拼，事業站穩了，也談過幾段戀愛，經歷了幾個女人後，Ｂ小姐是那麼的沉穩內斂的女人，父母也很喜歡她，Ｋ先生以為是成家的時間了，Ｋ先生和Ｂ小姐舉行了訂婚禮後不久Ｂ小姐也懷孕了，Ｋ

先生一家欣喜的期待雙喜臨門。

此時該說是造化弄人嗎？在B小姐懷孕近五個月時，產檢發現子宮頸癌，最後只能中止妊娠拿掉子宮，也就是B小姐無法生育了。

好大的晴天霹靂，K先生深愛B小姐，此時又來自K先生的父母無法接受B小姐無法生育的事實，一直施加壓力在K先生身上。一開始K先生不敢讓B小姐知道他父母的態度變化，一邊陪著她治病安撫她的情緒，一邊敷衍拖延父母，自己還得工作，蠟燭三頭燒苦不堪言。

拖了快一年，直到K先生的母親找上B小姐，K先生知道兩邊都安撫不住了，當然，K先生經濟事業來自於自己打拼不靠父母，他可以選擇依他的自由意識跟B小姐結婚，可是K先生知道一旦他娶了B小姐，B小姐往後的人生會很辛苦的，因為K先生的父母不會放過B小姐讓她好過的。

促膝長談後，二個人解除了婚約，所有訂婚禮物K先生全送B小姐再多給她一筆錢。這多年時間過去了，他們二個還是朋友，也各自嫁娶了。

B小姐的結婚對象是一個離婚有兩個小朋友的男人。面對人生的無常，有時要懂放掉手中緊握的執著，放手是祝福，男女之間有時是情人的情分有了卻沒有夫妻的緣分！

ღ

談戀愛讓人如沐春風，生命多了色彩，有可能招來惡果也有可能有豐收。戀愛過程你開心我開心就好，腦袋只想著彼此要怎一起去體會生命的美好。

結婚是押上重注，彼此得負責、忠誠，並肩走人生挺過風雨。婚姻已經不是你開心我開心就好，變成了得大家都開心，往往這個大家都開心卻得建立在自己的不開心上，有時心裡不平衡還會想著憑什麼要讓自己不開心。

一旦選擇要結婚進入婚姻，就是把自己跟結婚對象有關的一切事物全栓在一起了，無論你有什麼想法，要或不要就是全綁一起了。現代婚姻經營不容易，要白頭偕老是挑戰，一段感情要成熟到有勇氣去踏入婚姻得深呼吸用力想一想，當然也是有可能好運押對了，天天過情人節、幸福快樂就會隨著你呀。
準備好了嗎？愛、責任還是寂寞，誰想結婚！

生個孩子好嗎

人生會有變化球，這顆球有時是老天爺調皮捉弄投的，有時卻是人為自己冒險投的。如果是老天爺頑皮投了變化球，還真是會讓人措手不及打亂球數忙著怎接手這顆變化球。如果是人為自己冒險投的變化球，還得看是發生在人生哪階段？是暴投呢？還是故意的人生戰術？

走在人生的青春歲月裡，對於愛情似懂非懂，過著懵懵懂懂的莽撞，愛情萬歲之下忘了自己還是個孩子，還需要別人給予保護、養分，屬於還在依賴索取才能壯大自己的階段。

走過青春的歲月那就是不在青澀了，或許經歷了幾段感情，體會過不同的愛情，人生有了歷練，有了思考、有了觀點，對於自己的人生想要有新戰術要得更高分。

人生變化球，生個孩子是意外還是故意，更或許是自我的心理依靠。

人生變化球，生個孩子你真的能承擔嗎？承擔得起嗎？

暴投的青春

有在看棒球的人應該都知道，一旦發生暴投代表這顆球是不在投手控制內的球，一旦發生暴投，有可能會造成傷害，有可能造成失分影響比賽全局。

青春期的少男少女們似懂非懂的性知識，對異性的好奇開始探索生理，對於愛情只建立在玩樂與感官刺激。每個少年在賀爾蒙的作祟下，腦子只記的上演愛情行動劇忘了安全守則，青澀的青春容易變調為失控，這個時候受到驚嚇的雙方父母也得忙著處理善後。

畢竟都還是孩子，這顆暴投的球很容易讓少男少女都受到傷害，有的提早當大人，當小爸爸小媽媽了，有的在雙方父母強勢法律攻防下，開始為自己的行為付出法律後果，成為變調的青春。

調節器

如果是女生的父母不滿意男生，有了心結，女孩子用故意懷孕來逼迫父母接受自己的男朋友，大部分的父母都會讓步、會妥協，因為父母都愛自己的女兒啦，就算再不滿意男方這個時候大多不會刁難。曾有個藝人就自爆為了讓媽媽不再反對她的男友，就故意懷孕到月份很大才讓媽媽知道。

我這妙伶大嬸的女性友人真的有好幾個也用這種方法，當時，她們要的目地都達到了，經過了時間卻印證了女方父母當時的不滿意男方的原因，幾乎都離婚收場。如果是男方父母不滿意女生，女生故意懷孕，這一招其實是很大的風險。

有可能懷孕了，對方父母更落井下石挑剔女生不自愛，不讓兒子娶妳進家門。

就算因為懷孕娶女方進門，大多也只能達到兩個人結婚的目的，男方父母對女生的心態很難因為女方懷孕就變友善。除非，男方的家庭人丁不旺，他的父母就盼一個能幫忙生孫子的女人，這樣的狀況才有可能因為懷孕改變態度。

法定的另一半

會使出這一招的女生不在少數，有的是戀愛有些時間了，男友遲遲不求婚只好使出逼婚大法，這個時候願意負責任的男生大多也會給女生一個名分交代，就算沒真的求婚儀式就用女方肚子的那個小人幫忙求婚了，皆大歡喜。

怕的就是女生使出這招逼婚大法，男方仍無動靜不肯結婚，說好聽是二個人的感情不需要那張紙，能拖就拖。遇上更糟糕的男人不願意負責，搞不好還會認為是被女生設計，搞消失一走了之的很多，當然也會有少數男生想結婚也會出此招逼婚大法。

還有一種情況也會讓女生使出這一計，就是男生桃花太旺女朋友太多，有些女生會天真到想用懷孕能搶到正宮的位子，希望男友多關注她，這是大險招，會把自己置入險地。

心理依靠

在妙伶大嬸的女性友人圈中真的有這樣的例子，她們都是中熟齡了，有一定的人生閱歷了，經濟很獨立，談過感情、有體會過愛情，知道愛情跟婚姻的不同，了解到只有自己能依靠自己，便不會在把寄託放在愛情男人身上，對於所謂的真愛不再期待了，會想要擁有一個屬於自己的小孩，覺得那是自己生命的延續，人生往前走的動力。

我的女性友人當中真的有一例借精生子，用人工受孕的方式產下一個女孩。一例在我們希望她到重病孤兒院去當志工體會當母親後，她放棄生小孩了。

有銀彈就行嗎？

曾看到在某個電視節目的來賓中有提到說到女企業主殷琪單身生子是因為有銀彈，我想這個來賓她只講一半，當時的殷琪是有跟小朋友的父親在一起的，他們只是沒登記，殷琪的小孩雖然是非婚生，但她小孩的成長除了有銀彈外也有小孩父親的陪伴。

我那位用人工方式生下小孩的朋友，也是個身價好幾個億的女企業主T小姐，她的小孩成長我也曾陪伴過幾年。在小孩還小時接觸的人比較封閉，只有家裡的阿公阿嬤、傭人、親戚、表姊妹等，到了上幼稚園開始接觸到外界，看到別人都有爸爸，她回家問她的爸爸在哪裡？到了上小學高年級開始，小女生對人生充滿疑惑，開始會對外尋求愛、尋求朋友，行為出現變化。

T小姐事業繁忙無法充分陪伴小孩，只能在事情失控之前幫小孩隔離環境，選擇把小孩送出國去，送到寄宿學校去由校方人員二十四小時管教。

生養一個孩子當然不是只有銀彈就夠，只是當沒有愛又沒銀彈時，那真的是在高估自己摧殘小孩的人生。如果女人懷孕了生孩子可以由朋友家人幫忙一起照顧幫忙養，真的這麼容易嗎？

妙伶大嬸我剛好就是個單親多年帶個女兒成長的單親媽媽，一路走來真的不容易、辛苦。然而養小孩並不是簡單理想、用想的就能養活，不要想說家人跟朋友會一直幫忙你照顧小孩，現代社會競爭，每個人都有自己的生活壓力要去處理。

如果你覺得小孩是你人生的希望，這個希望會伴隨著壓力。當孩子生病時，你得隔三岔五的跑醫院看醫生，病況好控制時在家觀察，你得犧牲睡眠半夜量體溫餵藥的，孩子病況不好時得住院治療，朋友家人各自有家庭要照顧、有小孩要養。真的別太理想化，不要去想後援的支持系統來幫忙，或許他們能幫部分，他們也有他們的人生要負責！

自願性單親

離婚的婦女帶了小孩，那是不得已所託非人成了單親媽媽。當然，每個人都有自己的人生選項，當你選擇了自願性單親媽媽時，那是你自己的慾望滿足，給自己找寄託找慰藉，可是對這個小孩子而言，他的生命是沒有選擇權的，一出生就是只有媽媽。

如果從此以後妳一直順遂，那孩子妳絕對視如寶，那如果妳的人生開始有考驗，是妳拖累了小生命還是小生命拖累了妳。

如果你的人生又有了新機緣，而這個孩子還很需要妳，妳又當如何處理？養小孩真的跟養寵物不一樣，不是說那個寄養一下，這邊托一下就養大，妳能給小孩怎樣的保護跟依靠，給孩子怎樣的成長環境？

ღ

要生小孩，先想想自己會是怎樣的家長？當父母不能偷懶，一旦鬆懈了，我們始料未及的事情便會接踵而至。妳一旦決定要生孩子，更得學轉換思考角度，當妳還是妳父母的小孩時不會思考的事都來了。

試著想看看，你能嘗試過熬夜照顧哭鬧的嬰兒，擔心過蹣跚學步的寶貝會跌倒撞傷嗎？管教著熱血青春的叛逆少年，憂慮著閨女對愛情憧憬會不會遇上壞男人！

生孩子是人生的選項之一，如是意外，老天爺調皮捉弄的，讓你毫無準備不在你的計劃中的，妳是孩子的生母，是有能力撫養小孩？還是，該想想怎為小小生命找最適合的成長環境！

後記

在兩性關係裡，面對感情的變化，有些人能處理的得心應手，有些人帶著滿懷憧憬卻是落寞而歸，當感情的發展不在預期的計畫時，如果已經是失控的情況了，當事人卻是越想去控制，那就只會讓自己更疲憊不堪了！

至於愛情的規則，或許該說愛情本來就沒有規則可言，又或許所謂的規則得由你自己來制定，因為只有你自己才知道怎樣的對象適合跟你攜手並肩而行，二人之間處在怎樣的狀態才是健康的感情。

也只有你自己才知道，你所尋求的親密關係是生理的慰藉還是身心靈的依賴支持。

你要的感情又是建立在甚麼基礎上呢？

釀生活24　PE0176

親愛的他／她在想什麼？暗戀、曖昧必讀，脫不脫單，你都該知道的事！

作　　者	妙伶大嬸
責任編輯	陳慈蓉
圖文排版	周怡辰
封面設計	劉肇昇

出版策劃	釀出版
製作發行	秀威資訊科技股份有限公司 114 台北市內湖區瑞光路76巷65號1樓 電話：+886-2-2796-3638　傳真：+886-2-2796-1377 服務信箱：service@showwe.com.tw http://www.showwe.com.tw
郵政劃撥	19563868　戶名：秀威資訊科技股份有限公司
展售門市	國家書店【松江門市】 104 台北市中山區松江路209號1樓 電話：+886-2-2518-0207　傳真：+886-2-2518-0778
網路訂購	秀威網路書店：https://store.showwe.tw 國家網路書店：https://www.govbooks.com.tw
法律顧問	毛國樑　律師
總 經 銷	聯合發行股份有限公司 231新北市新店區寶橋路235巷6弄6號4F 電話：+886-2-2917-8022　傳真：+886-2-2915-6275

出版日期	2020年3月　BOD一版
定　　價	280元

Printed in Taiwan

國家圖書館出版品預行編目

親愛的他／她在想什麼？暗戀、曖昧必讀，脫不脫單，你都該知道的事！ / 妙伶大嬸著. -- 一版. -- 臺北市 : 釀出版, 2020.03
面；　公分. -- (釀生活 ; 24)
BOD版
ISBN 978-986-445-377-1(平裝)

544.37　　109000323

讀者回函卡

感謝您購買本書，為提升服務品質，請填妥以下資料，將讀者回函卡直接寄回或傳真本公司，收到您的寶貴意見後，我們會收藏記錄及檢討，謝謝！如您需要了解本公司最新出版書目、購書優惠或企劃活動，歡迎您上網查詢或下載相關資料：http:// www.showwe.com.tw

您購買的書名：____________________

出生日期：________年________月________日

學歷：□高中（含）以下　□大專　□研究所（含）以上

職業：□製造業　□金融業　□資訊業　□軍警　□傳播業　□自由業
　　　□服務業　□公務員　□教職　□學生　□家管　□其它

購書地點：□網路書店　□實體書店　□書展　□郵購　□贈閱　□其他

您從何得知本書的消息？

□網路書店　□實體書店　□網路搜尋　□電子報　□書訊　□雜誌
□傳播媒體　□親友推薦　□網站推薦　□部落格　□其他________

您對本書的評價：（請填代號　1.非常滿意　2.滿意　3.尚可　4.再改進）

封面設計____　版面編排____　內容____　文／譯筆____　價格____

讀完書後您覺得：

□很有收穫　□有收穫　□收穫不多　□沒收穫

對我們的建議：____________________

____

____

____

請貼
郵票

11466
台北市內湖區瑞光路 76 巷 65 號 1 樓
秀威資訊科技股份有限公司 收
BOD 數位出版事業部

....

（請沿線對折寄回，謝謝！）

姓　名：＿＿＿＿＿＿＿＿ 年齡：＿＿＿ 性別：□女 □男

郵遞區號：□□□□□

地　址：＿＿＿＿＿＿＿＿＿＿＿＿＿＿＿＿

聯絡電話：(日)＿＿＿＿＿＿＿＿ (夜)＿＿＿＿＿＿＿＿

E-mail：＿＿＿＿＿＿＿＿＿＿＿＿＿＿＿＿